미국 보딩스쿨 100문 100답

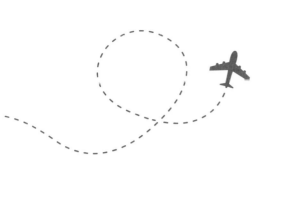

미국 보딩스쿨 100문 100답

대한민국의 희망인 청소년들에게
'유학 지침서'가 되기를 기대하며

김정아 지음 | 손재호 감수

책읽는귀족

Boarding School

학생과 부모의 작은 고민도 함께하는
프로정신으로 얻어낸 노하우

책을 출판하기가 너무 쉬워졌다. 출판이 쉬워진 가장 큰 이유는 자료가 넘치기 때문이다. 인터넷을 뒤지면 좋은 글이 넘쳐나고, 유용한 데이터를 얻기도 쉽다. 특히 출판이 쉬워진 책이 자료를 집대성한 가이드북이다. 여기저기 전문카페에 들어가 질문과 답변을 짜깁기하면 책이 나온다. 그런 책이라면 추천사 요청을 단호히 사양했을 것이다.

그러나 애임하이의 책은 다르다. '손재호 대표와 그 일당'이 하는 수작은 남들이 하는 작업과는 수준이 다르다. 오랜 경험과 치밀한 업무 스타일, 그리고 학생과 부모의 작은 고민도 함께하는 프로정신으로 얻어낸 노하우는 남들이 흉내 낼 수 있는 게 아니다. 2015년에 발간한 『미국 고등학교 교환학생 100문 100답』, 2017년에 발간한 『미국 유학 100문 100답』에 이어 '손재호 일당'이 또 하나의 멋진 책을 출간한다. 이제는 『미국 보딩스쿨 100문100답』으로.

한국교육이 무너지고 있다. 이미 무너졌다고 하는 분들도 많다. 학생의 성향이 다르고, 재능이 다양한 만큼 학생들을 위한 다양한 학교가 있어야 한다. 하지만 공정함이라는 하나의 잣대로 특수목적 학교를 없애고 있고, 역시 공정함이라는 잣대로 모든 과목을 잘해야 하는 수능을 확대하는 바보 같은 짓을 하고 있다. 오로지 수능에서의 높은 점수를 위해 창의성을 포기하는 안타까운 현실은 더욱 심해질 전망이다. 천재를 길러내지 못하는 안타까운 한국교육이다.

그러다 보니 많은 학생이 유학의 길을 선택한다. 안타까운 현실이지만 가만히 생각해 보면 창의적이고, 도전적인 학생들이 수능에 매여 창의성과 도전정신을 잃어버리는 것보다는 유학이 개인에게도 국가적으로도 나은 선택이다. 특히 미국의 보딩스쿨은 자주적이고 창의적인 우수한 교육시스템으로 조기유학에 관한 한, 최고의 선택지임을 부인할 수 없다.

세 자녀를 유학 보낸 경험자로서

문제는 정보다. 인터넷에 거짓 정보가 넘쳐나고, 어설픈 경험을 가진 사람들이 가득하다. 배낭여행이라면 약간의 헤매임도 추억이 될 수 있지만, 엄청난 비용과 시간이 소요될 뿐 아니라 인생의 방향을 결정하는 교육에 관한 문제를 인터넷에 떠도는 정보나 얕은 지식을 가진 주변 사람에게 의지할 수는 없다.

그러기에 애임하이에서 발간한 이 책이 많은 이들에게 큰 도움을 줄 것이라고 확신한다. 특히 저자 김정아 팀장은 보딩스쿨, 대학컨설팅에 관하여 국내에서 최고의 전문가로 정평이 난 터이다.

세 자녀를 유학 보낸 경험자이자 4차 산업혁명 분야와 관련한 다양한 활동을 하는 사람으로서 이 책을 읽는 학생과 부모님께 부탁을 드리고 글을 마치겠다. 먼저 학생들에게 부탁한다. 미국(또는 캐나다)으로 가게 된다면 마음껏 창의성과 도전정신을 키워 학문이나 예술, 때로는 스포츠나 사업 등 각자의 분야에서 크게 성공할 뿐 아니라, 여러분이 자란 대한민국에 대한 애정을 잃지 않고 장차 모국을 위해 멋진 기여를 하게 되길 바란다.

그리고 부모님들께 부탁드린다. 무한한 가능성의 세계로 떠나는 자녀에게 기존에 부모가 가졌던 기성 시대적인 꿈은 내려놓고, 자녀들에게 높은 꿈에 도전할 수 있도록 기회의 문을 활짝 열어 놓으시길 바란다. 그렇게 한다면 여러분의 자녀는 여러분이 생각하는 한계를 뛰어넘는 큰 업적을 이루게 될 것이다.

- 전 KT연구소 상무
- 전 숭실대 / 성결대 / 계명대 교수
- 현 (사)연구소 4.0 대표
- 현 대구경북가상증강현실산업협회 대표
- 세 자녀를 유학 보낸 아빠 ^^

첫째 규준이, 둘째 다솜이는 미국 교환학생으로, 셋째 규승이는 보딩스쿨 형태의 미국 과학고를 보냈다. 세 아이 모두 현재 미국 최고의 명문대, 대학원에서 장학금을 받고 다닌다. 한국의 미래를 위해서라도 해외 유학으로 떠나보내기를 주장하는 아빠이다.

저서로는 『노마드대디』(비전북), 『집 나간 아빠를 찾습니다』(비전북), 『더 재미있는 설교유머』(국민일보) 등이 있다.

2020년 2월
황영헌

대한민국의 희망인 청소년들에게 '유학 지침서'가 되기를 기대하며

유학 컨설턴트란 자리는 한편으로는 외롭고 힘겨우면서, 또 다른 한편으로는 벅찬 기쁨과 보람을 느끼는 자리다.

해외 유학을 도전하는 학생과 부모에게 정확하고 알찬 정보를 제공해야 하는데, 누구도 적극적으로 협력해 주지 않으니 외롭다. 국내의 많은 학교나 학원, 관계자들은 대한민국 입시에 관해서는 넘치는 정보를 공유하지만, 해외 유학으로 눈길을 돌려 보면 황무지와 같다. 도움을 받을 곳이 별로 없다.

더욱이 '기숙형 학교(보딩스쿨)'이란 시스템 자체가 우리나라에는 일반적이지 않다. 특히 교육적 다양성이 강조되는 가운데 100년, 200년의 전통을 이어온 미국 명문 보딩스쿨들은 굳이 명확한 입시정보를 만천하에 내놓으려 하지 않으니 정확한 입시정보를 밝혀낸다는 것은 힘에 겨운 일이기도 하다.

이 외롭고 힘든 일에 뛰어들어 『미국 보딩스쿨 100문 100답』이란 땀의 결실을 만들어 낸 김정아 컨설턴트에게 찬사를 보낸다. 교육적 갈망을 가진 학생과 부모에게, 또한 대한민국 유학 산업에 있어 큰 진보를 이뤄냈다.

보딩스쿨(기숙형 학교)이 가진 장점은 매우 많다

미국의 보딩스쿨들, 그중에서도 명문 보딩스쿨들은 미국의 힘이라 해도 과언이 아니다.

과거의 루스벨트(그로톤스쿨) 대통령, 존 F. 케네디(초트 로즈메리홀)를 비롯하여, 부시 대통령 부자(필립스 아카데미 앤도버), 마크 저커버그(필립스 엑시터), 존 케리(세인트 폴) 등 미국을 이끄는 정치, 경제계의 지도자들을 무수히 배출했고, 세계 각국의 지도자들, 우리나라의 지도자들, 성공한 사업가 중 상당수가 미국 명문 보딩스쿨을 거쳐서 미국의 명문대를 나왔다.

우리는 유학을 바라 볼 때 편향된 시각이 있다. 지나치게 대학 중심적이다. 미국 유학에 대하여 관심을 가진다고 할 때도 미국 대학에 방점이 찍히는 경우가 많다. 미국 명문대를 어떻게 갈 수 있을까 고민한다.

그런데 현실적으로 미국 명문대에 진학한 학생들의 압도적 다수가 미국 보딩스쿨 출신임을 주목한다면, 미국 명문대 준비는 애초에 조기유학을 미국 보딩스쿨로 떠나는 길이 좋은 출발이 되기 쉽다.

꼭 대학을 위한 준비가 아니고도, 미국의 교육, 특히 보딩스쿨들이 가진 장점은 매우 많다. 특히 21세기 4차 산업 시대에 필요한 창의적이며 독립적인 인재의 육성이란 점에서 미국 보딩스쿨들이 행하는 다양한 교육, 특별활동들은 무척 유용하고 배울 점이 많다. 저자 김정아는 그래서 입시를 넘어서 다양한 보딩스쿨의 장점들을 잘 뽑아서 독자들에게 제시하고 있다.

보릿고개를 넘으면서도 '상아탑'으로 자식을 보낸 우리 윗세대들이 오늘의 대한민국을 이루어 냈다면, 21세기 대한민국을 세계 최강, 부국으로 이끄는 것은 과감히 '해외 유학의 길'에 나서는 신세대 청소년들의 몫이다. 『미국 보딩스쿨 100문 100답』은 최고의 교육환경을 찾는 학생들에게는 든든한 지침서가 될 것이다. 부디 많은 한국 학생들이 좋은 미국 보딩스쿨을 거쳐서 세상의 큰 빛이 되고 대한민국의 미래를 지켜 주기를 소망한다.

2020년 2월
손재호

애임하이교육㈜ 대표
『미국 고등학교 교환학생 100문 100답』 저자
『미국 유학 100문 100답』 저자

보딩스쿨을 '인생 로드맵'의
선택지 중 하나로 삼기를

햇살이 좋은 날, 손재호 대표님이 무심한 듯 건넨 얘기에서부터 이 글은 시작했습니다.

"애임하이교육(주)을 통해 보딩스쿨 유학을 보냈던 부모님들과 학생들 얘기를 엮어볼까요? 좀 더 많은 학부모와 학생들이 제대로 된 정보를 가지고 유학의 기초를 잡기 바랍니다."

사실, 상담하면서 안타까웠던 적이 많았습니다.

"왜 이 아이는 이 시기에, 혹은 왜 이 학교에 갔을까?"

이런 질문을 던진 적이 많았습니다.

"급하게 보내느라 그랬어요."

"현지에 있는 지인이 그렇게 얘기해서 그 학교에 보냈어요."

"잘 몰라서요."

이런 답변을 하는 학부모님의 모습을 같이 지켜보면서 손재호 대표님은 제대로 된 길라잡이, 그리고 이미 경험을 한 학부모님과 학생들의 얘기가 공유되어야 한다고 느꼈습니다.

미국 유학, 그중에서 특히 보딩스쿨을 지원하는 학생들은 부모님과 오랜 기간 떨어져 있게 됩니다. 보딩스쿨 재학생들은 학교가 집이고, 동급생들을 가족이라고 생각합니다. 진학했던 선배들이 늘 강조하던 '특별한 유대감'을 공유합니다.

그런 만큼 보딩스쿨의 진학은 단순히 점수 몇 점, 학교의 랭킹만으로 결정해서는 안 됩니다. 아이의 적성과 성격, 그리고 가능성을 파악하고 아이에게 맞는 로드맵이 갖춰질 수 있는 학교로의 진학이 필요합니다.

그래서 이 책은 기본적인 정보들, 기존에 진학했던 부모님들이 많이 물어보셨던 질문들, 이미 보딩스쿨을 졸업한 선배들이 명문보딩스쿨을 가기 전에 논의했던 내용, 최근 상담하신 분들의 궁금증들을 정리했습니다.

미래를 계획하는 학생과 학부모님들에게 기회를!

『The Singularity is near(특이점이 온다)』의 저자인 미래학자 레이 커즈와일(Ray Kurzweil)이 예측한 대로라면 우리 아이들이 활동하는 사회나 배경은 우리가 겪어온 것과는 많은 차이가 있을 것입니다.

인공지능이 사람을 대체하는 시대는 생각보다 빠르게 올 것입니다. 지금 미국은 뇌신경학과 컴퓨터에 관한 연구를 선진적으로 주도합니다. 새로운 환경을 예측하고 대체에너지를 찾고 있으며, 유전자에 관한 연구를 다양화하고 속도를 높입니다.

이런 시대 배경 속에서 '한국의 교육은 치열한 국제 경쟁 시대를 대비할 수 있을까?'에 대한 의구심이 생깁니다.

사회 지도층 인사들, 그리고 그 자녀들이 미국 명문 보딩스쿨과 아이비리그, 혹은 명문대학으로 이어지는 로드맵을 선택했다는 것은 시사하는 바가 큽니다.

이제는 국경이 의미 있는 시대가 아니기 때문입니다. 학교들은 세계랭킹으로 그 순위를 확인합니다. 한국의 좋은 대학에 매몰될 필요성과 그 의미가 점점 줄어들게 된다는 뜻입니다.

애임하이교육(주)은 명문 보딩스쿨 진학을 단순히 좋은 대학을 가기 위한 발판으로만 삼고 있지는 않습니다. 저희는 아이들이 보딩스쿨 진학을 통해서 보다 넓은 사고 체계에 대한 전환점을 갖기 바랍니다. 또한 보딩스쿨을 기반 삼아 인생의 더 큰 그림을 그릴 수 있기를 바랍니다.

더 많은 분에게 '기회와 가능성'에 대해서 알려드리고 싶었습니다. 미래를 계획하는 학생과 학부모님들에게 이 책이 나침반이 되어주길 바랍니다.

2020년 2월
애임하이교육 강남 본사에서
김정아

애임하이교육㈜은 명문 보딩스쿨 진학을
단순히 좋은 대학을 가기 위한 발판으로만 삼고 있지는 않습니다.
저희는 아이들이 보딩스쿨 진학을 통해서
보다 넓은 사고 체계에 대한 전환점을 갖기 바랍니다.
또한 보딩스쿨을 기반 삼아 인생의 더 큰 그림을 그릴 수 있기를 바랍니다.

-「작가의 말」 중에서

Contents

대한민국의 희망인
청소년들에게
'유학 지침서'가 되기를
기대하며

Boarding School

Q1

College prep은
어떤 형태의 학교들을
의미하나요?

보딩스쿨 홈페이지를 보다가
college prep이라는 부분을 발견했습니다.
일반적인 보딩스쿨과
칼리지 프렙 보딩스쿨이 다른가요?

미국의 보딩스쿨은 룸 앤 보드(room and board)가 포함되는 학교를 의미합니다. 말 그대로 숙박이 같이 제공되는 기숙학교 형태를 일컫는데요, 보딩스쿨은 크게 대학 진학을 준비하는 학교와 치료나 종교 등의 특수한 목적이 있는 학교로 나뉘게 됩니다.

우리가 흔히 접하게 되는 보딩스쿨(기숙학교)은 대부분 대학 진학을 목표로 하는 학교라고 볼 수 있습니다. 그런데도 굳이 '우리 학교는 칼리지 프렙 보딩스쿨(college prep boarding school)이다'라고 언급되어 있다면 최고의 교육과정과 시스템을 갖춘 보딩스쿨이라는 자부심이 담겨 있다고 보면 됩니다.

Tip

보딩스쿨에 거주하는 학생들은 '홈 어웨이 홈'(Home Away Home-제2의 가정을 의미하는 말)이라고 할 정도로 학교와 밀접한 관계가 있습니다. 대부분 2, 3, 4인실의 방을 배정받고 룸메이트와 같이 생활을 하게 되고, 시니어(12학년)가 되면 독방을 사용하는 때도 간혹 있습니다. 식사는 학교 다이닝 홀(Dining Hall)에서 다 같이 하게 됩니다. 대부분 학생은 본인의 모교에 대한 자부심이 굉장히 강합니다. 가족 같은 유대감을 자랑하고 있다 보니 당연하다고 봐야겠지요?

Q2
기숙사가 있는 학교인데,
보딩스쿨이 아닐 수도 있나요?

**지인의 자녀가 기숙사가 있는 학교에 갔는데,
통학에 문제가 있다고 하는 얘기를 들었습니다.
이게 무슨 소리인가 싶네요.**

기숙사가 있는 학교가 다 보딩스쿨을 의미하지는 않습니다. 우리가 통상적으로 말하는 '보딩스쿨'이라는 개념은 학교 내에서 교육과 숙박, 다른 활동 등 일체의 프로그램들이 제공되는 학교를 의미합니다.

그러나 요즘은 일반 사립학교(데이스쿨)를 가더라도 홈스테이 가정에서 개별적으로 숙박을 하는 것이 아니라, 일정 규모 이상의 기숙 하우스에서 관리인을 두고 생활 관리를 책임지는 형태의 '기숙 관리형 유학' 프로그램도 있습니다. 비영리 재단, 혹은 교육기업이 운영하거나 개인이 학교와 협약을 맺고 운영하는 형태입니다. 지인의 자녀는 이러한 일반 사립학교＋기숙 관리형 유학 중일 것으로 보입니다.

이런 경우라면 기숙사와 학교가 떨어져 있는 경우가 일반적입니다. 별도의 기숙사에서 아이들의 등하교를 시켜 주며 학생의 생활은 비영리재단이나 교육 회사 또는 개인 가디언의 책임 아래에 들어갑니다.

모든 유학 프로그램이 장단점이 있고 필요가 있어 개발되었기에, 기숙 관리형 유학 프로그램도 나름의 장단점이 있습니다. 하지만, 제가 여기서 다루려는 보딩스쿨은 관리형 기숙사 프로그램이 아닌, 익히 알고 있는 보딩스쿨에 한정하고자 합니다.

Tip

최근 이러한 기숙 관리형 프로그램이 많이 늘어났습니다. 학생들에게 다양한 선택이 생기는 것은 반가운 일이지만, 아이들은 생각보다 예민합니다. 보딩스쿨을 가지 않고, 기숙 관리형 유학을 택하려 한다면 믿을만한 재단인지, 생활 관리는 어떻게 이루어지는지, 사립학교의 수준은 어떤지, 다양한 조건을 잘 검토하고 선택하는 게 좋겠습니다.

Q3
밀리터리 보딩스쿨은
육군 사관학교 같은 곳인가요?

보딩스쿨 중에
밀리터리 스쿨이 있다고 들었습니다.
육사 같은 곳인가요?
어떤 학교인지 궁금합니다.

밀리터리 보딩스쿨은 최근 한국의 연예인들이 자녀유학을 보내면서 많이 알려지게 된 학교 형태입니다. 흔히 군사보딩스쿨로 번역, 소개되면서 사관학교처럼 인식이 되는 때도 있습니다. 그러나 이는 오해입니다.

밀리터리 보딩스쿨은 대학 진학을 목표로 하는 학교라는 점에서는 일반 보딩스쿨과 같습니다. 다만, 규율에 의한 통제가 좀 더 엄격하고, 구보 등의 신체적인 훈련이 추가되어 있으며, 학생들을 후보생(Cadet)이라고 부르는 점이 다릅니다.

그리고 밀리터리 보딩스쿨에 대한 또 다른 오해는 문제아를 위한 부트캠프(Boot Camp) 같은 학교라는 편견입니다.

밀리터리 보딩스쿨은 규율이 엄격하고 학비가 저렴하며, 학생들에게 높은 수준의 정신력 함양을 요구하고 있습니다. 문제나 사고를 일으키는 학생들이 가는 곳이라는 오해는 풀어드리고 싶습니다.

유명한 밀리터리 보딩스쿨로는 포크 유니언(Fork Union), 밸리포지 아카데미(Valley Forge Academy), 컬버 아카데미(Culver Academy) 등의 학교들이 있습니다.

Tip

미국의 군대 정식명칭은 유나이티드 스테이츠 암드 폴시스(United States Armed Forces)입니다. 미국에서 군인의 지위는 상당히 높은 편입니다. 국가를 위해 봉사한다고 인정하기 때문에 군인들에게 우호적인 분위기가 크답니다.

Q4
여학생 보딩스쿨이 가지고 있는 장단점이 무엇인가요?

안전의 이유로 여학생 보딩스쿨을 보내고자 합니다.
그러나 아이는 남녀공학을 더 선호하네요.
아이에게 정확한 정보를 주고자 합니다.
여학생 보딩스쿨을 진학하는 경우의
장단점이 무엇일까요?

딸을 둔 학부모님들과 상담을 하면, 꼭 나오는 질문 중 하나입니다.

미국의 명문 보딩스쿨 중 역사가 오래된 명문 여학교 보딩스쿨들이 있습니다. 대표적인 예로는 버지니아의 마데이라 스쿨(The Madeira School), 채담 홀(Chatham Hall), 뉴욕의 엠마 윌라드(Emma Willard), 코네티컷의 미스 포터스(Miss Porter's) 등이 있습니다.

여학교 보딩스쿨의 단점은 아무래도 단일 성별의 학생들만 다니기 때문에, 다양성에 대한 경험이 떨어집니다. 사회 구성원으로 겪어야 하는 것을 미리 경험하는 곳이 학교인데, 다른 성별에 있는 특징이나 특성에 대한 이해도는 아무래도 덜할 수밖에 없죠.

그러나 여학생들만 있는 보딩스쿨의 장점이라고 한다면 아무래도 걱정이 될 수밖에 없는 이성 문제 등이 적다는 점입니다. 선생님들 역시 여학생들을 가르치는 데 대해서 특별히 훈련된 분들이 많습니다. 아무래도 여성과 남성의 차이점은 존재하니까요.

제가 볼 때 여학교 보딩스쿨로 보낼 때 가장 좋은 점은 '여학생이라서 이공계 분야에 대해 방관자가 되는 경우가 적다'라는 섬입니다. 다시 말해, 이공계 쪽의 학업이나 활동에 대해 여학교 보딩스쿨의 여학생들이 남녀공학 보딩스쿨의 여학생들보다 참여도나 성취도가 높다는 의미입니다.

맨부커 수상자에 빛나는 로빈 로버트슨이 이런 말을 했습니다.

"여학생들이 여학교에 갔을 때 그들은 더 이상 관중이 아닌 선수가
된다."
"When girls go to single-sex schools, they stop being the audience and
become the players."

-로빈 로버트슨(Robin Robertson)

여학생들도 다양한 선택의 주역이 될 수 있는 직접적인 기회, 이것
이 바로 여학생들이 여학교 보딩스쿨을 택하는 이유가 아닐까요?

Tip

여학교 보딩스쿨에 다니는 학생들의 가방에는 뭐가 있을까요? 립밤, 작은 빗, 화장품,
물, 위생용품, 휴지, 마스카라, 휴대폰, 지갑, 에너지바, 실핀, 손 세정제, 향수, 껌, 로션,
데오도란트 등 정말 많은 것들을 챙겨서 다니네요.^^

Q5
보딩스쿨을 선택할 때의
기준은 순위인가요?

보딩스쿨 순위가 별도로 있다고 하던데,
순위가 높은 학교들은
유명한 학교들이 많은 것 같습니다.
저희 아이는 그런 학교들보다는 중상위권 정도의
학교를 생각하고 있는데, 보딩스쿨 순위가
학교 결정에 있어서 큰 역할을 하나요?

보딩스쿨에 진학하는 학생이나 학부모님마다 그 목적이 다른 것 같습니다. 어떤 학생은 예술에 대한 지원이 충분한 학교를 원하는 때도 있고, 어떤 학부모님은 종교적인 이유로 지원을 하는 때도 있으며, 운동이나 외부활동이 중요한 선택의 기준이 되는 때도 있습니다. 그러나 가장 공통된 목표는 좋은 대학 진학을 원한다는 점입니다.

일반적인 미국의 보딩스쿨은 학생의 입학에 대해 선발기준이 있습니다. 기숙사는 한정적이기 때문에 학생을 받을 수 있는 인원도 제한적입니다.

그리고 미국의 이런 300여 개의 보딩스쿨의 경우는 잘 알려진 교육 관련 사이트에서 매기는 랭킹으로 평가를 하기도 하지만, 그 평가조차 언제나 논란에 휩싸이기 일쑤입니다. 앞서 말씀드린 것처럼, 대부분의 보딩스쿨은 대학 진학이라는 목표가 있기에 학교 선택에서 랭킹에 너무 얽매이기보다 우리 아이에게 잘 맞는 학교를 선택하는게 중요합니다.

일반적으로는 보딩스쿨 입시 컨설팅을 할 때, 학생의 내신성적, 공인시험 결과 등을 토대로 목표 학교를 선정합니다. 이때는 랭킹도 참고해서 학생들의 지원 학교 전략을 수립합니다.

그러나 좀 더 크게 바라봐야 하는 부분은 학생의 장점을 더 키워줄 수 있는 학교, 그리고 아이와 잘 맞을 수 있는 학교를 찾는 것입니다. 물론, 랭킹이 높은 학교에 가면 목표의식이 더 커지고, 성취감이 커지는 학생도 있겠지만, 모든 학생이 그런 것은 아니라고 봅니다. 실력이 뛰어나서 최상위권 학교를 지원할만하다고 보이더라도 학생의 성향과 안 맞을 수도 있습니다.

랭킹이 전부는 아니랍니다.

Tip

미국 명문 보딩스쿨 중에서도 최고(top)로 꼽히는 필립스 아카데미-앤도버(Philips Academy-Andover)와 필립스 엑시터 아카데미(Philips Exeter Academy)가 자꾸 헷갈리시죠? 앤도버는 매사추세츠 주에 위치한 학교로서, 그 도서관의 크기나 소장도서의 양으로 유명하죠. 엑시터는 뉴햄프셔주에 있으며 하크니스 테이블이라는 원탁의 토론식 수업으로 유명한 학교입니다.

Q6
유명한 보딩스쿨을
부르는 말이 있나요?

TSAO라는 걸 들었는데,
유명한 학교를 총칭해서 부르는 말인 것 같았습니다.
정확하게 무슨 뜻인가요?

TSAO는 Ten School이라고 하는 미국 북동부의 명문 보딩스쿨을 일컫는 말입니다. 정식 명칭은 Ten Schools Admission Organization(10개 학교 입학 사정 연합)입니다.

초우트 로즈마리 홀(Choate Rosemary Hall), 디어필드 아카데미(Deerfield Academy), 힐 스쿨(The Hill School), 호치키스 스쿨(The Hotchkiss School), 로렌스빌 스쿨(The Lawrenceville School), 루미스 체이피 스쿨(The Loomis Chaffee School), 필립스 아카데미-앤도버(Phillips Academy Andover), 필립스 엑시터 아카데미(Phillips Exeter Academy), 세인트 폴 스쿨(St. Paul's School), 태프트 스쿨(The Taft School)이 여기의 멤버입니다.

이 연합조직은 구성된 지 50여 년 가까운 전통을 지니고 있으며, 미국 전체 지역의 연합설명회도 개최하고 그 연합조직 내에서의 학생들의 선발에 대한 논의와 교육의 발전에 대한 토의도 활발합니다.

Tip

Tip1 _ 보딩스쿨에서는 아침, 점심, 저녁 식사가 모두 학교에서 제공이 됩니다. 그리고 대부분은 수프, 샐러드, 샌드위치 등의 음식들과 따뜻한 식사, 스낵, 디저트 및 외국 음식들도 제공이 됩니다. 학생들은 식사에 대해서는 다양한 선택권이 있습니다. 그래도 저희 학생들은 기숙사에서 시켜 먹는 피자는 놓치지 않더라고요.^^

Tip2 _ 추가로 TSAO 학교의 특징적인 부분을 살펴본다면, 이런 내용도 같이 보실 수 있답니다.

유명 보딩스쿨들은 어디에 있을까요?

학교 이름	학교 위치	설립 연도	학생 수
초우트 로즈마리 홀 (Choate Rosemary Hall)	월링포드, 코네티컷 (Wallingford, CT) 06492	1890	850
디어필드 아카데미 (Deerfield Academy)	디어필드, 매사추세츠 (Deerfield, MA) 01342	1797	648
힐 스쿨 (The Hill Schoo)l	포츠타운, 펜실베니아 (Pottstown, PA) 19464	1851	529
호치키스 스쿨 (The Hotchikss School)	레이크빌, 코네티컷 (Lakeville, CT) 06039	1891	605
로렌스빌 스쿨 (The Lawrenceville School)	로렌스빌, 뉴저지 (Lawrenceville, NJ) 08648	1810	817
루미스 체이피 스쿨 (The Loomis Chaffee School)	윈저, 코네티컷 (Windsor, CT) 06095	1874	690
필립스 아카데미-앤도버 (Phillips Academy-Andover)	앤도버, 매사추세츠 (Andover, MA) 01810	1778	1,142
필립스 엑시터 아카데미 (Phillips ExeterAcademy)	엑시터, 뉴햄프셔 (Exeter, NH) 03833	1781	1,081
세인트 폴 스쿨 (St. Paul's School)	콩코드, 뉴햄프셔 (Concord, NH) 03301	1856	539
태프트 스쿨 (The Taft School)	워터타운, 코네티컷 (Watertown, CT) 06795	1891	606

Q7
미술 전문 보딩스쿨이 있나요?

아이가 미술에 재능이 있습니다.
한국의 예중, 예고처럼 한 전공에 집중하는 형태의
보딩스쿨이 미국에도 있나요?

네, 보딩스쿨 중에서도 예술을 집중적으로 육성하는 학교들이 있습니다.

한국에도 많이 알려진 월넛힐(Walnut Hill), 인터로켄 아트아카데미(Interlochen Arts Academy), 아이딜와일드 아트스쿨(Idyllwild Arts Academy) 등의 학교들이 예술계열로 특성화된 보딩스쿨입니다. 크게 미술, 음악, 그리고 무용으로 대분류를 한다면, 미술에서도 시각디자인, 패션디자인 등의 다양한 세부 전공이 있으며, 음악 역시 악기에 따라 세부 전공이 나누어지는 경우도 많습니다. 무용은 현대무용, 발레 등 무용에서도 본인이 원하는 분야를 추구하는 것이 가능합니다. 그리고 추가로 창작문예 및 연극 등 학교에 따라 더 다양한 예술 전공이 있기도 합니다.

단, 이런 학교들은 한국에서 예중, 예고 가는 것처럼 실기 준비를 같이해야 합니다.

미술의 경우는 10~20개 사이의 포트폴리오 준비, 음악은 레퍼토리 준비, 무용도 오디션 준비 등을 해야 합니다. 학교에 직접 가서 실기평가를 받지 않고, DVD나 유튜브 동영상 제출을 통해서 지원할 수도 있습니다.

Tip

미국에는 널리 알려진 예술계 보딩스쿨 외에도 대학 부설로 진행되는 예술고등학교도 있습니다. 학생의 상황과 선호도, 그리고 준비 단계에 맞춰 지원할 수 있습니다.

Q8
보딩스쿨 진학에 적절한 학년이 있나요?

현재 미국에서 7학년 재학 중입니다.
명문 보딩스쿨 진학을 생각 중인데,
6학년부터 준비하지 않으면
이미 늦었다고 해서 걱정입니다.
보딩스쿨을 진학하기에 적절한 학년이 있나요?

일단 학생이 JB(Junior Boarding-주니어 보딩)으로 갈 것인지, 혹은 일반적인 보딩스쿨, 즉 9학년부터 시작하는 보딩스쿨을 갈 것인지, 목표를 설정하는 것이 가장 중요합니다. 7학년 재학 중이라면 아마도 9학년부터 시작되는 보딩스쿨을 고려할 것 같은데, 통상적으로 지원 이후 합격까지의 과정을 1년 정도로 잡고 있기에 절대 늦은 시점은 아닙니다. 그러나 지금 준비를 놓치면 늦어지는 시기이기도 합니다.

보딩스쿨에 보내기를 희망한다면 외형적인 스펙(아이의 공인점수나 영어 실력, 성적 및 각종 대회 수상경력) 등도 중요하지만, 내면적인 스펙(이 학생이 얼마나 독립적인가, 정신적으로 성숙한가)을 먼저 고려해야 한다는 점, 거듭 강조 드립니다.

만약 내면적인 부분이 준비된 상황이고, 9학년 입학으로 보딩스쿨을 가려 한다면 8학년 이후에 준비하기보다는 7학년인 지금부터 준비하는 걸 추천합니다. 통상적으로 미국 학기 기준, 1학기(Fall Semester 기준, 12월)가 마무리되는 시기에 신입생 원서접수가 완료됩니다. 보딩스쿨 9학년 입학을 생각한다면 8학년 1학기에 지원서를 넣고, 2학기에 입학 결과 통보를 듣고, 9월 신학기에 9학년을 시작합니다.

표로 간단하게 설명을 하면,

학년	7학년	9월	12월~1월	2월~4월	8월~9월
진행	진행 준비 (공인시험 및 보딩스쿨 지원 준비)	8학년 개학	보딩스쿨 원서 마감	합격발표	9학년 입학

이런 흐름입니다.

그리고 제가 9학년을 언급하는 이유는 대부분 학교는 11〉10〉9 학년으로 학생 선발 숫자가 확인됩니다. 즉, 9학년 입학이 확률적으로 가장 쉽기 때문이기도 합니다.

Tip

명문학교 진학은 +2년 정도를 준비하고 생각하세요. 학기 시작에서 지원 마감까지의 시간적인 여유가 많지 않다 보니, 실질적으로 준비는 +2년을 생각하는 것이 좋습니다(ex. 6학년 때부터 준비하면 → 8학년 지원, 7학년 때부터 준비하면 → 9학년 지원).

Q9
미국 시민권자의
보딩스쿨 진학에는
장점이 있나요?

아이는 미국 시민권자입니다.
이런 경우,
미국 보딩스쿨을 지원하는 데 혜택이 있나요?
학교는 한국에서 다니고 있습니다.

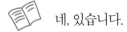 네, 있습니다.

일단 유학생(international)과 내국인(domestic) 학생의 선발 인원 수가 다르다는 점에서 유리합니다. 게다가 유학생들은 지원할 수 없는 보딩스쿨이 존재해서 학교 선택의 폭이 좀 더 넓어진다는 이점도 있습니다.

그러나 재정보조 지원에 관하여 얘기하자면, 조금 달라지는 부분이 있습니다.

흔히 하는 오해 중, '유학생은 재정보조 지원을 받을 수 없기에 내국인 학생들이 유리하다'라고 생각하는 점입니다.

미국의 대다수 보딩스쿨은 사립이므로, 주 정부의 재정지원이 따로 없습니다. 학교 재정만으로 우수한 학생들에게 장학금을 줍니다. 따라서 주립처럼 내국인, 외국인을 구별하지 않습니다. 즉, 유학생들도 우수하다면 학교의 재정보조 지원신청을 할 수 있습니다.

Tip

노블 앤 그리너프 스쿨(Noble and Greenough School)이나 해클리(Hackley) 등이 바로 영주권자 이상 신분의 학생들만 받는 보딩스쿨입니다.
그러나 이런 학교들도 학생이 미국 시민권만 있을 뿐, 영어가 모국어가 아니라면 공인시험(SSAT나 토플)을 준비해야 합니다.

Q10
왜 보딩스쿨을 선택하는 거죠?

**비용도 비싸고 학교 선택 폭도 넓지 않은데,
보딩스쿨을 선택하는 이유가 뭔가요?**

설문을 통해 보딩스쿨 재학 중이거나 이미 졸업한 학생과 부모님들에게 이런 질문에 대한 답변 자료를 받은 적이 있습니다. 보딩스쿨에 들어가는 비용 대비, 실제로 '학생들이 받는 혜택은 무엇인가?'라는 점을 두고, 기존 학생과 학부모님들에게 조사해서 받은 답변입니다. 당연히, 비용이 들어갈 때는 어떠한 결과가 나올 것인지 고민을 안 하는 때는 없을 것입니다.

부모님들의 경우, '아이들의 미래를 위한 투자'라는 답변이 가장 많았고, 학생들의 경우는 '좋은 교육의 기회 및 대학 진학을 위해서'라는 얘기도 나왔지만, 생각보다 많은 졸업생과 재학생들이 가장 큰 장점으로 꼽은 부분은 독립심이었습니다. 의존적인 성향에서 벗어나 주체적으로 사고하고 판단하고 생활하는 자체를 가장 큰 장점으로 말했으며, 동문 간의 네트워크 형성이라는 점도 자주 볼 수 있는 답변 중 하나였습니다.

체계적인 전인 교육을 통해 한 아이의 인생이 긍정적으로 변할 수 있다면, 그리고 가정에서 그 비용을 충분히 치를 수 있다면, 보딩스쿨은 학생이 앞으로의 인생을 사는 데 있어서 그만한 가치가 있다는 답변이 주를 이뤘습니다.

보딩스쿨의 경우 Parents' Financial Statement(PFS)를 통해 가정경제에 따른 재정보조 역시 진행을 하고 있습니다. 외국 학생이라서 무조건 재정보조를 받을 수 없는 것은 아닙니다. 좀 더 저렴한 비용으로 좋은 교육을 받는 방법은 분명히 존재합니다.

Q11
캐나다에도
보딩스쿨이 있나요?

캐나다 유학을 생각하던 중에
부모가 같이 못 가면
차라리 보딩스쿨을 보낼 생각입니다.
캐나다에는 어떤 보딩스쿨이 유명한가요?

🌐　우선, 캐나다의 경우는 부모님이 동반 유학을 하는 것이 비자 법에선 허락이 됩니다.

미국의 경우랑은 좀 다르기에, 부모님이 동반하는 부분을 생각하신다면 캐나다의 공립학교들이 좋은 선택입니다.

다른 이유로 아이가 혼자서 보딩스쿨을 간다면 다음의 정보들이 도움이 될 수 있습니다.

사실, 캐나다의 경우, 95%의 학교가 공립학교이다 보니 사립학교, 특히나 보딩스쿨의 수는 많은 편이 아닙니다. 그중에서도 대학 진학 준비가 잘되고, 전통이 있는 학교 중 Top 8의 학교들을 알려드리겠습니다.

온타리오주 옥빌(Oakville)에 위치한 애플비 칼리지(Appleby College), 브리티시 컬럼비아주 빅토리아 근처의 브렌트우드 칼리지 스쿨(Brentwood College School), 온타리오 주에 위치한 레이크필드 칼리지 스쿨(Lakefield College School), 온타리오주 세인트 캐서린에 있는 리들리 칼리지(Ridley College), 브리티쉬 컬럼비아 주 빅토리아 근처의 셔니건 레이크 스쿨(Shawnigan Lake School), 온타리오 주의 오로라(Aurora)에 위치한 세인트 앤드류스 칼리지(St.Andrew's College), 브리티쉬 컬럼비아 주 빅토리아의 세인트 마이클 유니버시티 스쿨(St. Michael's University School), 그리고 온타리오주의 트리니티 칼리지 스쿨(Trinity College School) 등이 그 유명세를 함께합니다.

그리고 여기에는 나와 있지 않지만, 현재 제주에 있는 브랭섬 홀(Branksome Hall)의 경우도 토론토에 그 본교가 있습니다.

대부분의 유명 학교들이 토론토 근교나 빅토리아 근교에 퍼져 있는 상황입니다.

Tip

캐나다는 세계에서 두 번째로 큰 나라로, 한국과 비교해서 45배나 더 넓은 면적이지만, 인구수는 한국의 70%도 채 미치지 못합니다. 캐나다에서는 교육받은 우수한 젊은 인재를 영입하려고 시도를 많이 하는 만큼, 학부모들의 교육열은 높은 편입니다. 우수한 데이스쿨이나 보딩스쿨 같은 경우, 대기명단이 긴 경우도 많으며 영주권자 이상 신분의 학생들만 받는 학교들도 있으니 진학 지원전략을 잡을 때는 꼼꼼하게 알아보셔야 합니다.

Q12
미국에도 IB를 제공하는 보딩스쿨이 있나요?

현재 해외 거주 중이며,
IB 프로그램 학교에서 공부 중입니다.
개인 사정상 미국에서 공부해야 하는데,
미국에서도 IB 프로그램이 제공되는
보딩스쿨이 있나요?

먼저 IB 프로그램에 대해서 간단하게 설명해야 할 것 같습니다. IB는 스위스 제네바를 기반으로 해서 생겨난 프로그램으로 2년에 걸쳐 6과목의 학업에 대한 심도 있는 학습이 위주가 됩니다. 각 과목의 만점은 7점이며, 총 42점 만점에 논문(Extended Essay, EE), 철학 및 논술 등을 통해 비판적인 사고력을 키워주는 과정인 TOK(Theory of Knowledge)에서 최대 3점까지 받아서 총점 45점을 만점으로 합니다. 그리고 CAS라고 불리는 Creativity, Action, Service 과정 역시 이수하게 됩니다.

아무래도 미국은 AP 위주이기에 IB 학교들이 많지는 않지만, 미국 보딩스쿨 중에서도 IB 학제를 사용하는 학교들이 있습니다.

가장 유명한 학교로는 여학교 보딩스쿨로 유명한 애니 라이트(Annie Wright)입니다. 체셔 아카데미(Cheshire Academy)의 경우 역시 2011년 이후로는 IB 과정을 도입했으며, 더 빌리지 스쿨(The Village School), 스톤리 번햄 스쿨(Stoneleigh-Burnham School)도 각각 2010년, 2011년 이후부터 IB 프로그램을 도입한 학교들입니다.

그 외에도 플로리다의 노스 브로워드 프레퍼레이토리 스쿨(North Broward Preparatory School), 애리조나의 랜초 솔라노 프레퍼레이토리 스쿨(Rancho Solano Preparatory School)도 IB를 제공하는 학교입니다.

12학년을 기준으로 미국대학 지원 시점에는 IB 시험 점수 결과가 나오지 않기 때문에 예상점수로 지원을 하셔야 합니다. 그리고 어렵습니다. "만약 IBDP를 아직 시작하지 않은 학생이라면 더 쉬운 길이 있다"라는 얘기를 해드리고 싶습니다. 물론, 학생 중에서 고난이도의 학업을 경험해보고 학업적인 관심사를 더 키워나가고 싶다고 한다면 IB 과정은 좋은 경험이 될 것입니다.

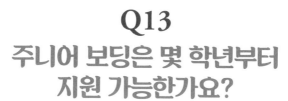

Q13
주니어 보딩은 몇 학년부터
지원 가능한가요?

아이가 아직 어리지만,
주니어 보딩에 관심이 많습니다.
몇 학년부터 지원할 수 있을까요?

미국의 주니어 보딩은 그 형태가 다양합니다.

1학년부터 가는 학교도 있지만, 대부분은 5학년 이상부터 받고 있다고 보면 됩니다. 일반적인 형태의 주니어 보딩은 5~9학년, 혹은 6~8, 9학년까지 제공하고 있으며, 간혹 명문 보딩스쿨에서도 7, 8학년을 제공하기도 합니다.

주니어 보딩은 대부분 6~7학년으로 지원합니다. 보딩스쿨 조기유학을 떠나는 경우의 보편적인 로드맵이 주니어 보딩을 거쳐서 9학년 명문 보딩스쿨로 들어가는 것입니다. 주니어 보딩스쿨에서 1, 2년 동안 학생들이 미국 생활과 미국 학업 활동에 대해 적응을 하는 시간적인 여유를 갖기를 바라는 경우가 많습니다.

다만, 질문자의 언급처럼 어린 나이에 부모님과 떨어져서 생활하게 되므로, 아이의 자립심이나 생활 태도, 의존적인 부분들을 정확하게 분석하는 것이 주니어 보딩 지원의 관건입니다.

Tip

간혹 학교 중에서 지원자가 5학년 이하의 어린 학년이면 SSAT 점수 대신 웩슬러 아동 지능검사를 요구하는 학교들도 있습니다. 웩슬러 아동 지능검사는 영재를 선발하는 데도 사용되는 시험 데이터 중 하나입니다.

Q14
미국에서 가장 오래된
보딩스쿨은 어디인가요?

역사가 오래된 학교가 궁금합니다.
미국에서 가장 오래된 보딩스쿨은 어디인가요?

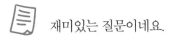 재미있는 질문이네요.

보딩스쿨 중 가장 오래된 학교는, 1744년 개교한 웨스트 노팅햄 아카데미(West Nottingham Academy)입니다.

항간에는 거버너 스쿨(Govenor's School)이라고 알려지기도 했지만, 웨스트 노팅햄 아카데미가 본인들의 학교가 가장 오래된 학교라고 공식적으로 자랑을 하고 있답니다. 거버너 스쿨이 1763년에 설립되었고, 19년이나 앞서 있으니 그럴 만도 하네요. 웨스트 노팅햄 아카데미의 초대 교장은 이후 프린스턴 대학의 학장으로 취임했습니다.

Tip

참고로 미국 일반 공립학교 중 가장 오래된 학교는 보스턴 라틴 스쿨(Boston Latin School)이라는 학교이며, 영국에서 가장 오래된 학교는 627년에 개교한 미니스터 스쿨(The Minister School)과 세인트 피터 스쿨(St. Peter's School)이 있습니다.

Q15
보딩스쿨 진학을 할 때
학년을 낮춰야 하나요?

현재 중3입니다.
미국은 한국에 비해서
한 학기가 빠르다고 알고 있는데,
이런 경우라면 10학년으로 지원을 하나요?
아니면 9학년으로 가야 하나요?

한국은 만7세 3월에 학교를 시작하는 것과 달리, 미국은 그보다 한 학기 빠른 만 6세 9월에 학기를 시작합니다.

그렇기에 학년을 낮추지 않고 지원한다면 10학년에 지원을 할 것입니다. 그러나 대부분, 9학년 지원에 대한 문의를 많이 하는데, 그 이유는 바로 미국대학에 지원할 때, 9학년 성적부터 들어가기 때문입니다.

또한, 9학년부터 고등학교가 시작되는 학년이기도 해서 10학년 지원과 비교해, 자리가 더 여유 있는 것도 사실입니다.

상담을 통해 학생의 학업 성취도, 성숙도, 향후 계획 등을 참고한 일정을 안내해드리겠지만 대부분 이런 경우라면 9학년 지원을 추천합니다.

Tip

미국 보딩스쿨 중에서는 무리하게 (2년 정도) 낮춰서 지원하는 경우, 졸업 예정 시점에 20세가 넘는 것으로 파악되면 지원 자체를 못 하게 할 수도 있습니다. 성인과 미성년이 한 공간에 머물면서 생활을 같이 하는 것을 금지하는 학교들입니다. 따라서 무리한 학년 낮추기도 피하는 것이 좋습니다.

Q16
보딩스쿨 준비는 기간이 어느 정도 걸리나요?

명문 보딩스쿨 지원을 생각하고 있습니다.
보딩스쿨을 준비하기 위해서 다른 학생들은
어느 정도 준비 기간을 가지나요?

보딩스쿨 지원 마감 시기를 먼저 확인하셔야 합니다. 9월에 시작하는 보딩스쿨은 대체로 같은 해 1~2월에는 지원 마감을 합니다. 즉, 학교 시작하기 8~9개월 전에 지원 마감을 합니다. 그때까지 학생들에게 필요한 사항은 SSAT와 토플 점수입니다. 1월 15일 마감을 하는 학교라면 최소 전년도 12월까지는 시험을 봤어야 합니다.

SSAT나 토플 등의 공인시험이 시험만 본다고 해서 바로 점수가 나오는 게 아닌 만큼, 대부분 시험준비 기간은 최소 6개월 정도는 걸린다고 생각해야 합니다. 또한, 이러한 공인시험 외에도 학생들이 참가할 수 있는 대회나 내신성적 관리 등을 같이 고려한다면, 지원하려는 학교의 원서 마감 시기로부터 최소 일 년 이상 여유를 두어야 합니다.

예를 들어, 현재 중1 학생이라고 한다면 중2 12월에 SSAT 시험을 치를 수 있도록 준비하고, 1월에는 9학년으로 지원을 해서 이 학생이 중3이 되는 9월에는 미국 9학년 입학을 하는 방향으로 준비하라는 것입니다.

이해를 돕기 위해 표를 참조 바랍니다.

중1	중2	중3
보딩스쿨 알아보기 및 지원 전략	지원 준비 시기 및 지원	3~4월 결과 발표 9월, 9학년 입학

Q17
SSAT 시험은 뭔가요?

**보딩스쿨 상담을 받았는데,
SSAT 시험을 봐야 한다고 합니다.
정확하게 무슨 시험인가요?**

미국 보딩스쿨을 가는 경우, 많은 학교가 SSAT 시험 성적을 요구합니다. SSAT는 고등학교 입학시험(Secondary School Admission Test)으로 학생들이 지원하는 학교에 맞춰 Middle Level(5~7학년 해당)이나, Upper Level(8~11학년 해당)의 시험을 봅니다.

영어, 수학, 독해 등의 영역으로 구성된 상대 평가 시험으로, 점수는 아래와 같이 확인할 수 있습니다.

	만점	최저점	평균 점수
Middle Level	2,130 (710x3)	1,320	1,725
Upper Level	2,400 (800x3)	1,500	1,950

그리고 백분위로 평가가 나오기에, 전체 점수보다는 퍼센타일을 염두에 두고 학교 지원전략을 잡아야 합니다. 명문 보딩스쿨의 경우는 90% 이상의 SSAT 점수가 합격선에 있으니, 준비를 꼼꼼하게 하는 것이 중요합니다.

시험은 1년에 8번 제공됩니다. 한국에서 시험을 보는 경우, 시험 장소가 제한적이므로 예약을 하기 바랍니다.

고등학교 입학시험 중에서 ISEE라는 시험을 요구하는 학교들도 있습니다. 명문 학교 입학시험(Independent School Entrance Exam)의 약자로서 유형은 큰 차이가 없습니다. 다만, ISEE는 SSAT와 비교해 상대적으로 수학이 어려운 편이며, SSAT는 ISEE에 비교해 영어가 어렵게 나오는 편입니다.

Q18

보딩스쿨을 가기 위해
토플 점수가 필요한가요?

아이가 아직 토플을 본 적은 없는데,
영어는 유치원부터 시작해서 제법 잘하는 편입니다.
토플시험은 필수인가요?
몇 점 정도 필요한가요?

대부분의 명문보딩스쿨은 유학생에게 토플시험을 요구합니다. 그 이유는 바로 ESL(English as a Second Language)이라는 영어를 수월하게 제공하는 과정이 없기 때문입니다. 학교에서 영어로 진행하는 수업을 제대로 따라올 수 있는지에 대해 객관적인 지표로 토플시험 결과를 요구합니다.

초우트 로즈마리홀(Choate Rosemary Hall)의 경우, 영어가 모국어가 아니고 최근 2년간 영어가 학습의 주요 언어가 아니었을 때, 토플이나 IELTS 등 영어 유창성에 대한 시험 점수 제출을 독려하며 세인트 마크(St. Mark's)처럼 최소 토플 점수를 요구하는 학교도 있습니다.

학생의 학년에 따라 요구되는 점수가 다를 수 있지만 대부분 Upper Level, 특히 10학년 이상을 지원하는 경우, 탑 순위의 학교들은 최소 100점에서 110점 사이의 토플 점수를 갖추어야 합니다.

만약, 학생이 열심히 노력했지만 만족할 만한 토플 점수가 안 나오는 경우, ESL이 제공되는 보딩스쿨 진학이 대안이 될 수 있습니다.

Tip

토플은 현재 120점 만점으로 구성되며 읽기, 듣기, 말하기, 쓰기 4가지 영역의 시험을 봐야 합니다. 영역별 30점 만점이며, 이 점수를 합산하는 것이 토플 점수입니다. 참고로 2019년 8월 이후부터는 영역별 최고점을 합산한 '내 최고점수(My Best Score)'를 산출합니다. 학교들은 토플시험 주관사인 ETS에서 직접 점수를 보내는 것만 인정합니다.

Q19
토플 성적만 되면
수업을 따라갈 수 있나요?

보딩스쿨 지원을 생각하는 중이라서
일단 토플은 했습니다.
학원에 다녀서 단기간에 고득점을 받았습니다.
그러나 실제로 영어로 수업을
들어본 적이 없어서 불안하네요.
영어로 하는 생활과 학업을 따라갈 수 있을까요?

　　　　사실, 보딩스쿨 상담을 하다 보면 학생 중 대다수가 영어로 수업을 하는 국제학교 출신이거나 외국인 학교 출신입니다. 이런 경우 토플 점수가 통과 점수를 넘겼다면 큰 걱정이 없을 것입니다. 걱정하는 쪽은 대체로 일반 학교에서 준비한 경우입니다.

　　그러나 크게 걱정할 필요 없다고 말씀드리고 싶습니다. 한국 일반 학교에서 준비해서 좋은 토플 점수를 받았다면, 즉 단기간 안에 공인 시험에서 고득점을 받았다면 영어에 대해 기본적인 지식이 있다는 증거입니다.

　　토플은 단순히 요행으로만 점수가 나올 수 있는 시험이 아니기에, 응시자의 영어 실력을 객관적으로 판단할 수 있는 지표입니다.

　　보딩스쿨이 토플 점수를 요구하는 이유 역시 통과 점수 이상의 토플 실력이라면 학교에서 수업을 듣거나 생활하는 것이 무리가 없다고 판단하기 때문입니다.

　　한국 일반 학교에서 준비했던 학생 중 토플 점수 100점 이상을 받은 학생들은 미국의 명문 보딩스쿨에서 초기 생활의 어려움만 겪을 뿐, 금세 잘 적응하여 훌륭한 학점을 받으며 즐거운 생활을 합니다.

Tip

ESL(English as a Second Language)을 제공하지 않는 명문 보딩스쿨의 경우는 대부분 최소 토플 100점 이상을 요구합니다. 대학 진학에도 100점 이상의 점수라면 명문 대학 지원에 큰 무리가 없습니다.

Q20
SSAT 시험은
언제 보나요?

———

**시험 일정에 맞춰서 준비해야 할 것 같은데,
혹시 시험은 매달 있나요?**

SSAT 시험의 경우는 10월부터 6월까지, 매달 지정된 토요일에 연간 총 8번의 Standard Test를 제공합니다. 상급 학년 지원 시험(Upper Level) 기준으로 시험은 총 167문제입니다만, 그중 17개는 시범(Dummy) 질문입니다. 즉, 150개의 문제에 대해서만 점수가 평가됩니다. 쉬는 시간을 포함해 총 3시간 5분 동안 시험을 보며, 구성은 2가지 주제 중 택1 하는 글쓰기, 그리고 수학, 단어, 지문독해의 문제들로 구성됩니다.

시험을 보고 난 이후 2주 정도 지나야 점수가 확인되기 때문에, 보딩 지원 시기에 따라 시험 일정 조절을 잘해야 합니다. 1월 마감인 보딩스쿨이라면 12월 시험이 마지막 SSAT가 될 것입니다. 이 시험에서 점수를 획득해야 학교에 바로 송부를 할 수 있습니다.

Tip

미국대학을 갈 때 준비하는 미국 수능인 SAT와 고등학교 입학시험인 SSAT는 시험 영역에서는 비슷한 점이 있지만, 결정적으로 다른 부분이 있습니다.
바로 점수 평가 부분입니다. SAT는 수퍼 스코어(Super Score)라는 시험당 각 영역의 최고점수를 합산해서 평가하는 대학들이 많습니다. 그러나 보딩스쿨의 기준은 그보다 엄격합니다. 여러 번 시험을 본 경우, 각 시험의 영역별 최고점수를 합산해서 제출하는 것이 아니라, 해당일에 본 전체 점수를 평가받습니다.

	3월 시험	4월 시험	최고 점수
Reading	720	700	720
Quant	800	800	800
Verbal	740	750	750
총점	2,260	2,250	2,270

이런 식으로 최고점수 합산이 평가되지 않는 점이 SAT와 가장 큰
차이점입니다(물론, 원점수도 중요하지만, 평가 기준에서 더 중요한 것은 본
인의 백분율이기 때문에 어떤 시험을 제출할지는 꼼꼼한 지원전략에 따라 달
라집니다). 그러므로 학생들은 시험을 자주 접하면서 유형에 익숙해지
는 것이 중요합니다.

Q21

보딩스쿨을 선정할 때
가장 중요한 기준은 뭘까요?

보딩스쿨 정보를 찾다가
랭킹 정보를 알게 되었습니다.
제가 본 랭킹은 믿을만한가요?
여기서 상위 랭크된 학교들은
다 좋은 학교라고 생각하면 될까요?

📄 　어떤 사이트를 봤는지 모르겠지만, 보딩스쿨 랭킹이 확인되는 유명한 사이트들이 몇 군데 있습니다.

그렇지만 어떤 사이트를 보더라도 상위권에 랭크 되는 학교는 거의 다 대부분 비슷비슷합니다.

예를 들어 그로튼 스쿨(Groton School)이 10위인지 12위인지를 놓고 얘기를 할 수는 있겠지만, 갑자기 59위로 내려가지는 않습니다. 한국에서도 민족사관고등학교가 1위인지, 서울과학고가 1위인지를 놓고 순위에 대한 논쟁이 있을 수는 있지만, 상위급 학교라는 것이 명확한 것처럼 말이죠.

랭킹 정보를 구성하는 요소들은 일단 학업적인 성취도가 반을 차지하며, 나머지는 교사 역량, 다양성과 문화, 학교의 클럽활동 내용, 스포츠 경기, 재학생과 졸업생 그리고 학부모 설문 조사 등을 바탕으로 랭킹이 구성됩니다.

그러나 이러한 부분이 명문 학교의 순위라는 점은 맞지만, 아이에게 잘 맞는 좋은 학교인지는 학교 사이트 조사와 전문가의 조언을 받아 자세하게 확인하시길 바랍니다.

Q22
미술계 보딩스쿨의
실기평가에 대해 궁금합니다.

———

S 예고를 지원했다 탈락했습니다.
궁금한 점은 지금부터 준비해도 늦지 않는지,
그리고 미술계 보딩스쿨도 있다고 하는데,
그런 학교는 포트폴리오로 입학이 결정되나요?
무슨 준비를 해야 하나요?

예비고등학생이네요. 10학년 지원을 생각하나요? 많은 학생이 10학년 지원을 준비하므로, 경쟁은 치열할 수 있습니다. 그러나 일반 학교가 아닌 미술계 보딩스쿨을 생각한다면 지원자들의 범위는 보다 줄어듭니다. 늦지는 않습니다.

여기서 몇 가지의 선택지가 나뉠 수 있습니다.

1. 예술계 보딩스쿨로 진학하는 것
2. 일반 보딩스쿨로 진학한 이후 미술 클럽에 집중하는 방법
3. 예체능으로 특화된 데이스쿨이나, 미국대학부설예술고등학교로 지원하는 방법

이렇게 정리된답니다.

1, 3번 학교로 진학을 하려면, 대부분 10~20개 정도의 포트폴리오를 요구하며 학교마다 구체적인 요구조건은 다릅니다. 예를 들어 4개의 정물화와 3개의 인물화, 그리고 각각 다른 양식의 포트폴리오 5개, 이런 식으로 학교마다 요구하는 조건들이 다릅니다.

예술계 보딩은 포트폴리오로 입학이 결정된다고 말할 수 있을 정도로 포트폴리오 비중이 큽니다. 한국 예술학교들과 달라서 그림 실력보다는 창의력을 계발해서 준비하는 것이 중요하답니다. 포트폴리

오 외에도 토플 등 영어 능력 검증을 위한 공인성적 제출을 요구하거나 ESL 과정의 수강을 요구합니다.

Tip

한국 예고에 지원했다면 11월에 결과 발표를 확인했을 듯합니다. 학생이 이 시기에 토플 및 포트폴리오는 어느 정도 마무리되어 있어야 지원 마감까지 차질이 생기지 않습니다. 토플이 부족한 경우라면 ESL 과정이 포함된 학교 지원을 추천합니다.
한국 예술고를 가고 싶은데 그림 실력이 부족해서 걱정하는 상황이라면 미국 예술계 보딩스쿨을 동시에 준비하는 방법도 추천합니다. 창의력에 중점을 두고 포트폴리오 준비를 하면서, 토플 공부도 같이한다면 두 마리 토끼를 동시에 잡을 수 있답니다.

Q23
시험을 안 보는 보딩스쿨도 있나요?

홈스테이 유학과 보딩스쿨 유학을 고민하다가
보딩스쿨 진학을 결정했습니다.
그러나 결정이 너무 늦어서
시험준비를 할 시간이 없습니다.
이런 경우, 별도의 시험이 요구되지 않는
학교들도 있나요?

별도의 시험을 요구하지 않는 보딩스쿨도 있습니다.

이런 경우, 학교에서 제공하는 ESL 과정(English As a Second Language)으로 들어올 수 있도록 허락을 해줍니다.

대신, 시험이 없기에 학생의 한국성적표 및 에세이, 추천서를 꼼꼼하게 검토합니다. 또한, 인터뷰의 다양한 질문들을 통해 지원자에 대해서 많은 정보를 얻고자 합니다.

상위권 명문 보딩스쿨 중에는 이런 학교들이 거의 없으며, 중상급의 학교 중에 이렇게 입학조건을 완화하기도 합니다.

그리고 의외로 '토플만 내면 된다'라는 학교들도 있습니다.

학생이 SSAT나 토플, 공인시험 중 하나만이라도 할 수 있는 시간이 있다면 준비하기 바랍니다. 지원 선택지가 더 많아야 학생에게 유리하니까요.

Tip

토플의 경우, -서울 기준- 거의 매주에 한 번, 혹은 한 달에 3번 있을 정도로 자주 볼 수 있습니다. 고득점을 못 하더라도 공인점수가 있는 것과, 없는 것은 학교 지원에서 차이가 날 수 있으니 되도록 준비해주세요.

Q24
보딩스쿨 입학에서
추천서가 많이 중요한가요?

미국 명문 보딩스쿨 지원을 생각하는 학부모입니다.
제가 세계적인 명사분에게 저희 아이를 위해
추천서를 부탁할 수 있을 듯합니다.
이런 추천서의 경우,
보딩스쿨 입학에서 결정적인 역할을
해줄 수 있나요?

보딩스쿨의 추천서는 생각보다 세밀한 부분들을 많이 물어봅니다. 학생의 학업 태도, 학업 참여도, 동급생들과의 관계 등 학교에 관련된 정보를 기본으로 리더십이라든지, 행동발달사항, 정신적인 성숙함, 책임감, 동기부여 등 일상생활이나 조직에서의 적응도에 대해서 평가를 요청하는 학교들이 많습니다.

특히 담임선생님이나 카운슬러의 추천서 말고도 영어, 수학 등의 과목 선생님께 받아야 하는 추천서 등을 요청하고 있기에, 추가 추천서를 더 낼 수 있는지에 대한 여부도 확인해야 합니다.

명사분의 추천서라면 학교에서 요청하는 공식 추천서 이외의 추가 추천서라고 할 수 있습니다. 추가 추천서를 제출하는 경우라면 그 명사분이 이 학생을 어떻게 알았는지, 얼마나 자세하게 알고 추천을 하는지에 대한 내용을 중요하게 평가합니다.

가장 좋은 상황은 기본적인 추천서인 카운슬러 추천서 및 학과목 선생님 추천서를 준비하고, 이 명사분이 학생에 대한 성실한 평가를 해주는 것입니다. 일반적인 추천서에 이름만 고쳐서 이 학생의 추천서로 만들어서 제출한다면 그다지 영향력을 발휘하지 않습니다.

Tip

가장 좋은 추천인은 '나를 잘 아는' 그 학교의 졸업생 선배입니다. 이미 사회에 진출한 학교 선배의 추천서인데, 지원자에 대한 정보가 많고 충실한 추천서가 나올 수 있으면 금상첨화입니다.

Q25
에세이는 무슨 내용을 써야 하나요?

보딩스쿨에 지원할 때,
에세이는 자기소개서 내용인가요?

보딩스쿨이 공통으로 쓰는 지원서는 크게 SAO(The Standard Application Online) 및 Gateway, 이렇게 나뉩니다.

여기에는 공통 에세이 주제가 있습니다.

자주 나오는 주제들의 경우는 다음과 같은 내용을 물어봅니다.

"Explain the impact of an event or activity that has created a change in your life or in your way of thinking."

(인생이나 사고방식을 바꿀만했던 사건이나 활동에 관한 설명을 하시오.)

혹은

"Describe an academic or extracurricular achievement of which you are most proud or a challenge you have faced. If you select an achievement, what did it take to accomplish this achievement? If you select a challenge, what did you learn from it and how did you overcome it?"

(학업이나 외부활동 중에 가장 자랑스럽게 생각하는 점이나 직면했던 도전에 관해서 설명하세요. 만약 본인이 성과에 관해서 얘기한다면 무엇 때문에 이것을 이룰 수 있었는지에 대해서 알려주고, 만약 본인이 도전을 골랐다면 그 도전에서 배울 수 있었던 교훈과 어떻게 극복했는지에 대해서 작성하세요.)

"What are the reasons you want to attend an independent school? What do you believe you will contribute to a school community?"

(보딩스쿨에 지원하는 이유가 뭔가요? 그리고 학교를 위해 어떤 역할을 해 낼 수 있을까요?)

이 질문들에 대하여 학생들이 기존에 활동했던 부분들이나 인성적인 부분, 그리고 지원동기에 대해 다각도의 에세이를 준비해야 합니다. 대략 500 단어 정도로 작성을 합니다. 그리고 학교에서 학생들에게 개별적으로 물어보는 별도의 에세이 주제도 있습니다.

개인적으로 인상 깊게 봤던 주제는 본인의 '완벽한 하루'를 상상해 보라는 에세이였는데, 많은 생각을 하게 하더라고요. 학교에서 학생들에게 행복한 상상을 하게 만들어주는구나, 이런 학교라면 가서 즐거울 수 있겠다는 느낌부터 그동안의 행적을 반추하고 미래를 계획하는 에세이 주제도 있었답니다.

Tip

에세이를 제출할 때 일반적으로 온라인 지원서는 그대로 타이핑을 하지만, 별도로 제출을 하는 경우라면 MLA 포맷을 지켜서 작성을 해주세요(MLA format=Modern Language Association format, 미국 일반적인 표준 논문 형식).

Q26
캐나다 보딩스쿨을 가더라도 SSAT가 필요한가요?

여러 가지 이유로
캐나다 보딩스쿨 지원을 생각 중입니다.
이때도 SSAT 시험이 필요한가요?
미국 보딩스쿨에서만 요구하는 시험인가요?

SSAT는 앞서도 말씀을 드렸지만, 고등학교 입학시험(Secondary School Admission Test)이기 때문에 국적을 따지지는 않습니다.

그렇기에, 캐나다의 명문 보딩스쿨도 입학 때 SSAT 및 ISEE 시험을 요구합니다.

캐나다 명문 보딩스쿨 역시 미국 아이비리그를 겨냥하는 친구들이 많은 편입니다. 캐나다 보딩스쿨의 장점은 안전한 교육환경 및 저렴한 환율로 얻을 수 있는 경제적 이익, 그리고 미국 명문 보딩스쿨 못지않은 우수한 커리큘럼입니다. 같은 목표를 다른 곳에서 진행한다고 보면 됩니다.

특히 캐나다의 명문이라고 하는 어퍼 캐나다 칼리지(Upper Canada College) 및 세인트 앤드류스(St. Andrew's), 세인트 마이클 유니버시티 스쿨(St. Michaels University School), 그리고 한국에도 익히 알려진 브랭섬홀(Branksome Hall) 등의 학교들은 미국 아이비리그 대학 그리고 캐나다 명문대학 진학을 동시에 목표로 합니다.

캐나다 보딩스쿨에 대한 추가적인 내용을 더 언급한다면, 캐나다 보딩스쿨은 그 명성이 높아서 3대째 같은 학교에 다니는 집안이 있는가 하면, 캐나다 현지 학생뿐만 아니라 미국이나 영국 등의 다양한 국가의 학생들도 캐나다 보딩스쿨을 선택합니다.

특히 캐나다의 경우, 총기사건 등의 안전문제에서 자유롭고 아름답고 깨끗한 자연환경을 자랑하고 있어서 선정하는 경우가 많이 늘어나고 있습니다.

고등학교(Secondary School)의 경우는 9~12학년으로 미국과 같은 학제로 진행이 되고 있으며 앞서 말씀드린 것과 마찬가지로 입학시험의 경우도 토플과 SSAT, 혹은 ISEE를 진행하게 됩니다. 특히, 학비는 미국과 큰 차이가 없으나 대부분 조금은 더 저렴한 편입니다. 미국의 보딩스쿨이 대부분 학비가 연간 7,000만 원 선을 상회한다고 한다면 캐나다의 경우는 연간 6,000만 원 선 정도에서 진행할 수 있습니다.

AP 과정 역시 제공이 되고 있으며, 미국대학 준비와 캐나다 대학 진학 두 마리 토끼를 동시에 잡을 수 있습니다.

또한, 부모님들을 가장 만족시켜 드릴 만한 부분은, 캐나다 보딩스쿨의 경우는 비용 대비 우수한 프로그램들이 제공되며 안심하고 보낼만한 환경이 상대적으로 많다는 점이겠지요.

Tip

캐나다의 유명대학인 맥길(McGill), 퀸즈(Queen's) 그리고 토론토 대학교(University of Toronto)를 합쳐서 MQT라고 하는데, 캐나다 유명 보딩스쿨의 경우, 이 학교로 진학하는 비율이 40% 이상이기는 합니다. 아이비리그 및 엠아이티(MIT), 스탠포드(Stanford)의 경우는 6~9% 정도의 학생이 합격합니다.

Q27
12학년으로
보딩스쿨 지원이 가능한가요?

한국에서 고2를 마쳤습니다.
아이가 유학을 간절히 원하는데,
추천받은 학교 중에서 보딩스쿨에 관심이 생겼습니다.
1년 정도 보딩스쿨에서 공부하고 졸업해서
미국대학에 가는 것이 현실적으로 가능할까요?
늦지 않았나요?

원래 학년으로 간다면 12학년 진학이 맞습니다.

그러나 보딩스쿨이 12학년 학생들을 받는 경우는 많지 않습니다.

일반적으로 미국대학이 12학년의 1학기에 지원서가 마감되기 때문입니다. 12학년의 학생을 받아서 대학 진학을 준비하는 경우는 학교에서도 부담이 큰 편이죠. 그러나 12학년을 받아주는 보딩스쿨이 아예 없는 것은 아니기에, 이런 경우는

1. 학생의 준비사항 점검(그동안의 내신과 졸업이수학점 확인 및 공인시험 점수 준비)

2. 왜 보딩스쿨에 대해 관심이 생긴 것인지?

즉 지원동기를 보다 면밀하게 분석을 해봐야 합니다.

추천하는 방법이라면 한 학년 낮추어 11학년으로 지원하여, 미국대학 지원준비 기간에 대한 여유를 갖고 다양한 준비를 통한 미국대학 합격이라는 좋은 결과를 기대하는 것입니다.

Tip

미국대학들의 경우, 한국의 수시와 비슷한 조기입학전형(Early Action/ Early Decision)이라는 제도가 있습니다. 이런 경우, 원서지원 마감이 대부분 11월 초이기 때문에 9월에 새 학기를 시작한 12학년 학생은 원서지원 마감까지 한 달 남짓한 시간만 남게 됩니다. 그 전에 준비되어 있던 학생이 개인적인 사정이 생겨서 옮겨야 한다면 받아줄 학교를 찾는 것이 가능하지만, 미국에 처음 유학 가는 학생이 12학년 보딩스쿨로 가는 경우는 학교나 학생 모두에게 부담이 큰 상황입니다.

Q28

SSAT 시험이 입학에서
차지하는 비중은
어느 정도입니까?

한국 대학입학처럼 수능 몇 %
이런 비중이 있습니까?
만약 있다면 어느 정도를 차지하는지요?

미국 보딩스쿨은 단순히 점수로만 학생을 뽑지 않는다고 공표합니다. 얼마 전, 명문 보딩스쿨인 루미스 체이피(The Loomis Chaffee) 입학담당자인 에이미 톰슨(Amy Thompson) 선생님과 얘기를 나눈 적이 있습니다.

입학담당자는 "우수한 학생이라는 점도 물론 중요하지만, 더 크게 보는 것은 이 지원자가 우리 학교에 와서 어떠한 공헌을 할 수 있는지, 어떠한 다른 능력이 있는지, 우리 학교에서 조화롭게 성장해나갈 수 있는지, 발전 가능성이 있는지에 대한 초점을 가지고 학생들을 만난다"라는 답변을 해주었습니다.

미국 보딩스쿨의 경우도 미국의 대학처럼 전체적인 검토(Holistic Review)를 통해 학생의 발전 가능성과 우수성을 다양하게 확인하고 학생을 선발합니다.

학교마다 각각의 기준점은 있겠지만, 외부에 공식적으로 발표된 입학기준은 없습니다. 그러나 입학기준, 합격한 학생들의 공인점수 통계는 있습니다.

SSAT가 모든 것을 결정하지는 않지만, 명문 보딩스쿨에 합격하는 학생들은 분명히 상위의 SSAT와 토플 점수의 합격 데이터가 있습니다. 그리고 추가적인 외부활동이나 수상 내역도 제출을 했습니다.

따라서 학교의 공식적인 발표는 없다고 하더라도 TOP 20에 지원하는 학생들은 상위 공인점수는 절대적으로 필요하며, 활동 내역 역시 충실하게 준비하여야 합니다. 따라서 활동이나 공인점수가 부족하다면 지원 시기에 따라 미리 계획을 세워 준비하기 바랍니다.

Q29
내신 대신, 토플 점수가
높은 것도 효과가 있나요?

아이가 한국의 경쟁이 치열한 학교에서
공부하느라 내신이 힘든 상황입니다.
이런 경우, 토플 고득점을 받으면
어느 정도 보완이 될까요?

비슷한 경우가 상당히 있습니다. 8학군에서 공부를 하는데 상대 평가로 내신이 힘든 상황, 그러나 영어는 어릴 때부터 공부해서 토플이 90점대 후반에서 100점은 수월하게 넘는 상황. 아이가 가능성이 많은 것 같은데 TOP 20 보딩스쿨 10학년, 혹은 11학년으로 갈 수 있는지를 문의하기도 합니다.

일단, 토플은 학교에서 요구하는 시험의 하나입니다.

만약 학교에서 요구하는 토플 점수가 80점인데, 학생이 97점을 받았다고 해서 이 학생의 학업적인 우수성을 뒤엎기는 힘듭니다.

학교에서 바라보는 토플은 어학을 하느냐, 못 하느냐의 문제이기 때문에 학업적 우수성으로 평가되는 내용은 아닙니다. 학교에서 최소 기준을 정해놓는 것도 토플이 일정 기준 이상이면 수업을 듣는 데 무리가 없다고 판단했기 때문입니다.

그러나 내신의 경우는 예외적이지 않은 이상, 점수가 낮으면 그 부분을 뒤엎을만한 요소를 추가하기는 쉽지 않습니다.

SSAT에서 고득점이 나온다면 내신이 부족한 부분에 대해 보충 설명은 될 수 있습니다. 그러나 TOP 20 보딩스쿨에 지원하고자 하는 학생이라면 이미 미국이나 한국의 국제학교 등에서 우수한 성적과 높은 공인점수는 필수적으로 보유하고 있기에 지원자가 가지고 있는 남다른 활동 사항이나 수상 내역을 학교에 적극적으로 보여주어야 합니다.

아쉽지만, 토플 고득점은 낮은 내신을 보완하기에는 힘듭니다.

Tip

간혹 "IELTS가 더 쉬워요?"를 물을 때도 있는데, 토플 점수는 IELTS에 맞춰서 상대적으로 변환 계산이 됩니다.
ETS 가이드에 따르면, 토플 80점은 IELTS로 환산했을 때 6.5의 점수이지만, 2점 차이 나는 78점이면 밴드 스코어가 6으로 내려갑니다. 고득점 학생들일수록 그 범위가 좁아지니, 시험 선택 역시 현명한 방법으로 해야 합니다.

Q30

AP가 많은 학교를 고르는 것이 아이에게 장점이 되나요?

AP를 많이 들으면
대학 진학에 유리하다고 들었습니다.
보딩스쿨 선택을 할 때,
AP 개수가 학교 선정에 중요한 이유가 되나요?

AP 과정은 미국대학에서 지원자의 학업적인 난이도를 판단하는 중요한 요소 중 하나입니다.

학생이 선택할 수 있는 과목의 개수가 많다는 것은 그만큼 가르칠 수 있는 역량이 있는 교사진들이 있다는 의미도 되기에, AP 과정 제공은 간과해서는 안 되는 부분입니다.

그러나 이 AP 개수가 학교 선택의 절대적인 이유가 되어서는 안 됩니다. 미국 학교에서도 IB를 제공하는 학교들이 늘어나고 있으며, 대학의 수업을 고등학교 때 미리 수강하게 하는 듀얼 크레딧(Dual Credit) 과정을 제공하는 학교도 많습니다. AP 이외에도 우수한 교육 프로그램이 많다는 겁니다. 단순히 AP 개수만 많다고 좋은 보딩스쿨이라고 얘기하기는 힘듭니다.

이 책을 통해서 강조하고 싶은 것은 단순히 몇 가지 사항이나 사안들로 학교를 선정해서는 안 된다는 점입니다. 합격에 대한 전략도 중요하지만, 이 학교에서 학생들을 어떤 식으로 양성하고자 하는지, 그리고 어떤 식으로 대학 진학 준비를 하고 있는지, 실제로 그 학교에서 어떤 대학을 보냈는지, 우리 아이가 하고자 하는 활동들에 대해 충분히 제공할 수 있는지 등 다양한 부분을 고려해서 지원하기 바랍니다.

Q31
보딩스쿨 지역 선정의
중요성이 궁금합니다.

아이를 대도시에 있는 보딩스쿨에 보내고 싶은데,
대부분 외진 곳에 있다고 합니다.
아이들이 그런 곳으로 가더라도 적응을 잘 하나요?
문화생활을 충분히 누릴 수 있는지요?

일단, 미국 명문 보딩스쿨의 경우, 그 부지의 크기는 상상을 초월합니다.

60만 평의 땅을 가지고 있는 학교도 있을 정도이니, 대도시에 위치하기는 어렵습니다. 그러다 보니, 대부분 그 정도의 부지를 수용할 수 있는 외곽에 위치합니다.

보딩스쿨의 경우 많은 학생이 학교에서 기숙하기에 비슷한 환경에 노출되어 있으며, 같은 교과목의 공부를 하고, 관심이 있는 클럽활동을 하는 등, 공통의 생활을 공유합니다. 그러다 보니, 유대감이 깊으며 보딩스쿨의 친구와 교사들을 제2의 가족이라고 얘기합니다. 그 안에서 그들만의 사회가 형성됩니다. 이 안에 잘 녹아 들어가는 성향의 학생들은 적응이 수월한 편이었습니다. 빨리 방학이 끝나서 학교에 돌아가기를 기대하는 친구들이 있을 정도니까요.

문화생활 역시, 운동, 댄스, 뮤지컬, 연극, 미술 등 다양한 분야의 활동에 스스로 주체가 되어 참여하다 보니 관람만 하는 것보다 관심이 많기도 합니다.

웅장한 대지를 보유하고 있기에, 외곽에 있다는 것만 양해한다면 미국의 명문 보딩스쿨에서 제공되는 양질의 문화 활동을 충분히 누릴 수 있습니다.

Q32
보딩스쿨에 지원할 때,
봉사활동이 필수인가요?

대부분 한국 중학교에서는 학기에 몇 시간이라는
필수 봉사활동 시간이 있습니다.
미국은 이러한 봉사활동에 대해서
높이 평가한다고 들었는데,
봉사활동의 내용에 제한이 있나요?
학교에서 미인정 받은 봉사활동은
사용할 수 없나요?

🌐 대부분 한국에서 진행되는 봉사활동은 정해진 사이트의 학교에서 인정받은 봉사활동만 생활기록부에 올려준다는 정해진 규칙이 있습니다. 그러나 미국 보딩스쿨을 지원할 때는 이런 제한이 없습니다. 학교에서 미인정 받은 내용이더라도 기재할 수 있습니다.

필수적인 사항은 아니지만, 간혹 학교 중에 커뮤니티 서비스 관련 에세이를 제출하라고 요청하는 학교가 있기에 봉사활동에 대한 내역은 정리를 해놓는 것이 에세이 작성에 도움이 됩니다.

Tip

혹시 학생이 고등학교 졸업 이후에 한국대학으로 지원을 하는 경우라면 모든 활동 서류들은 입증을 받아 두어야 합니다. 미국대학은 학생들의 활동 사항을 신뢰하는 반면, 국내대학은 처음부터 엄격한 검증을 합니다. 이 때문에 봉사활동을 했으면 기간, 장소, 활동 내역 등에 대한 자세한 사항을 선생님이나 혹은 봉사활동 기관에서 확인받아서 제출해야 합니다.

Q33
보딩스쿨 지원 시기는
언제입니까?

정확한 원서 마감 시점은 언제인가요?
그리고 지원서 준비하는 데
어느 정도의 시간이 소요되나요?

학교, 혹은 학년에 따라 지원 시기는 다릅니다. 대부분 주니어 보딩스쿨은 12월 15일에 마감을 하는 경우가 많으며, 고학년이 지원하는 보딩스쿨도 1월 초에 마감하는 경우가 많습니다. 이 말은 즉, 내가 지원하고자 하는 해당연도의 8~10개월 전에는 원서접수가 마감된다는 의미입니다. 원서접수라면 온라인 지원서, 성적표, 에세이, 추천서뿐만 아니라, 공인시험 점수도 제출해야 한다는 의미입니다.

공인점수의 준비 기간에 따라 다르기는 하지만, 최소 1년 전부터는 시작해야 SSAT와 토플 등의 준비를 할 수 있습니다. 지원에 대해 확고한 의지가 있다면 미리부터 준비해서 고득점을 내는 것이 좋습니다.

물론, 그중에는 늦게 지원하더라도 받아주는 Rolling Admission(자리가 찰 때까지 지원서를 검토하는 입학전형)을 사용하는 학교도 있으니, 이 시기를 놓쳤다고 해서 포기할 필요는 없습니다.

정리하자면 12~2월 사이에 마감이 되는 보딩스쿨 지원을 위해서, 1년 정도의 시간을 가지고 준비를 하는 것이 안전합니다. 그리고 이미 공인점수가 있는 지원자라 하더라도 에세이 작성에 시간 소요가 발생하니, 최소한 학교 지원 마감 2~3달 전에는 지원에 들어가는 것이 좋습니다.

합격 결과가 나온 이후인, 3~4월 무렵에는 결원생 모집을 통해 지원을 해볼 수 있는 마지막 기회가 남아있습니다. 지원시기를 너무 늦게 안 경우에는 이 기회를 이용해보는 것도 하나의 방법이 될 수 있습니다.

Q34
지원 학교 개수에
제한이 있나요?

———

한국은 고등학교에 진학할 때,
지원하는 학교 개수에 제한을 두고 있는데
미국도 마찬가지인가요?
고등학교에 지원할 때 제한을 특별히 두고 있나요?

 아닙니다.

한국은 전기에 1개 학교 지원이 가능하며, 합격과 불합격 여부에 따라 후기 고등학교 지원이 가능하다는 지원 제한이 있습니다.

그러나 미국의 보딩스쿨은 지원 개수에 대한 제한을 두고 있지 않습니다.

원하는 만큼 지원이 가능하기에, 명문 보딩스쿨에 지원을 하는 학생들은 대부분 10~12개의 학교를 지원하는 경우가 많습니다. 이중, 지원 구분을 합격 확률 '상-중-하'로 두고 이에 맞는 목표점수를 가지고 공인시험 및 활동 사항을 준비합니다.

Tip

지원 학교가 많은 경우, 인터뷰 진행에 대한 부분은 정말 중요합니다. 직접 학교를 방문해서 진행하는 인터뷰는 동선과 시간이 충돌하지 않게 예약과 계획을 세워야 합니다. 대부분 학교는 비슷한 시기에 인터뷰 주간을 가지고 진행이 됩니다.

Q35
부모님 에세이에는
무슨 내용이
들어가야 하나요?

보딩스쿨에 지원할 때,
부모님도 글을 써야 한다는데
주로 어떤 내용이 들어가나요?
영어가 유창하지 않아서 걱정이 되기도 합니다.

지원자 부모님 에세이 경우는 아이에 대한 부모님의 생각을 묻는 내용이 대부분입니다.

아이 성격의 장단점, 지원동기, 학업적인 우수성, 가족관 등등의 다양한 부분을 물어봅니다. 부모님 에세이에 대해서는 늘 하고 싶은 얘기가 있습니다.

보딩스쿨의 지원동기가 정말 통학의 편리성에 있다고 하더라도 그 얘기가 우선이 되어서는 안 됩니다.

특히, 미국에서 일반 데이스쿨에서 유학을 한 경우라면 특별활동을 하거나, 혹은 대회에 참가할 때, 심지어 매일 같이 통학을 해야 하는 경우도 한국처럼 교통편을 수월하게 구하기 어렵다는 점을 잘 알고 있을 겁니다. 따라서 통학의 편리함이 보딩스쿨을 가는 가장 큰 이유라 하더라도, 일단 부모님 에세이에 그 부분이 먼저 언급이 되지 않기를 바랍니다.

또한, 가족관을 물어보는 자리에서 부모님의 역할이 단순히 경제적인 시원에 그치는 모습을 보이는 것도 피해야 합니다.

물론, 영어를 유창하게 하면 좋습니다만 그것보다 더 중요한 것은 아이에 관한 정보를 많이 공급하는 것입니다. 특히, 많은 부모님이 지나치게 겸손한 태도로 에세이를 씁니다. 내 아이가 부족하다는 표현은 삼가야 합니다. 부모님이 바라보는 학생의 장단점을 작성할 때는 가능한 한, 장점을 부각해서 언급하기 바랍니다.

Tip

아이에 대한 에세이나 원서를 직접 작성하는 경우, 생활기록부는 생각보다 유용한 정보들을 많이 담고 있습니다. 아이와 일주일 내내 24시간 이렇게 온종일 같이 있는 것이 아니기에 부모님이 잘 모르는 자잘한 내용, 그러나 지원서나 에세이에 도움이 될만한 내용이 생활기록부에는 많이 담겨 있답니다.

Q36
생활기록부에 안 좋은 내용이 있는데, 문제가 크게 생기나요?

———

아이가 의도치 않게 사건에 휘말려서
학생부에 기록이 남았습니다.
이런 경우, 보딩스쿨 지원은 의미가 없나요?
합격하는 것이 힘든 상황인가요?
참고로 아이의 성적은 매우 우수합니다.

우선, 미국의 보딩스쿨에 입학 지원할 때 필요한 내용은 최근 3년 동안의 성적표, 추천서, 공인시험 결과, 에세이, 수상 내역, 봉사활동 등입니다. 그리고 이런 내용을 한눈에 볼 수 있는 서류가 생활기록부입니다.

아이가 만약 고학년이고 최근 3년간의 영문성적표가 발급될 수 있다고 한다면, 생활기록부는 단순히 추가적인 서류이기 때문에 굳이 무리해서 넣지 않아도 됩니다.

그러나 아이의 최근 3년치 성적표가 생활기록부를 통해서 확인될 수밖에 없는 상황이며, 그 생활기록부에 내용이 기재가 되었다고 한다면 번역에도 신경을 써야 합니다.

여기서 가장 유의해야 하는 부분은 단순히 생활기록부를 넣고, 안 넣고의 문제가 아닙니다. 학교의 지원서 질문 중에 정학이나 퇴학 등의 처벌을 받은 적이 있는지에 대해 상세하게 물어보는 학교들도 있습니다. 또한, 추천인들에게 추천서를 받을 때도 내용이 상당히 예민할 수밖에 없는 상황이라는 점도 미리 인지해야 합니다.

결론적으로 말하자면, 학년에 따라 생활기록부 제출이 필요하지 않은 때도 있습니다. 그러나 부수적인 문제인 추천서나 지원서의 질문도 해결해야 한다는 것을 인지하고 시작하기 바랍니다. 아이의 성적이 우수하다고 하니, 부모님의 마음이 더욱 안타까우실 듯합니다.

Tip

일반적인 형태의 보딩스쿨 외에도 특수목적을 가진 학교들인 과학고나 영재고도 기숙사
생활을 하는 경우가 많습니다. 이런 학교들의 경우는 고학년 학생들이 입학하기 때문에
영문성적표 제출과 공인점수만으로도 지원할 수 있습니다. 학생의 목표가 무엇인지, 앞
으로 어떤 일에 관해 관심이 있는지에 따라 도전해보기 바랍니다.

Q37
추천서는 누구에게
받아야 하나요?

추천서는 몇 부 준비해야 하나요?
추천서를 써주는 분들은 정해져 있나요?
예전의 담임선생님이 아이를 예뻐하셨는데,
그분한테 받아도 되나요?

대부분 보딩스쿨의 경우, 추천서의 부수는 정해져 있습니다. 최소 몇 부에서 최대 몇 부까지 허용한다는 제한을 두는 학교들이 있습니다.

대부분 카운슬러(담임선생님 혹은 교장선생님)의 지정된 양식이 들어와야 하며, 과목 선생님의 추천서가 추가로 요구되기도 합니다. 지원하는 학교에서 영어, 수학, 이런 식으로 과목을 지정하는 경우가 많습니다.

추천서의 구성은
- 카운슬러 폼
- 영어, 수학 선생님 각 한 부씩
- 추가로 개인 추천서(최대 2부)

이렇게 3~5부 정도의 추천서가 들어가는 경우가 보통입니다.

예전 담임선생님이 작성을 해주는 것도 가능하며, 학생에 대해서 자세히 알고 있는 분이 작성을 해주는 것이 좋습니다.

Tip

학교에서 나중에 이 추천서를 다시 볼 건지를 물어보는 경우가 있습니다. 이것은 지원자의 권리라고 표현합니다. 대부분 이런 경우는 'No'라고 기재를 하는데, 그 이유는 추천인이 추천서를 작성할 때, 이후에 지원자가 볼 수 있다는 부담을 줄여서 사실대로 작성할 수 있게 하는 의도랍니다.

Q38
SSAT는 볼 수 있는
횟수가 정해져 있나요?

현재 미국에서 재학 중인 학생입니다.
아무래도 방학 동안 한국에 나와서 공부하고
시험 봐야 할 것 같은데,
혹시 연간 시험 보는 횟수가 정해져 있나요?

SSAT는 미리 준비한다면 원하는 시기에 시험을 보는 것이 그렇게 힘들지 않습니다. 수능처럼 제한된 횟수만 제공되는 시험이 아니기 때문입니다.

1년에 한 번만 보는 AP에 비하면 연중 8회의 시험으로 구성되어서, 원하는 시기에 시험을 보는 것이 그다지 어렵지는 않습니다.

그러나 시험 장소에 따라 SSAT가 열리는 횟수에 대한 제한이 있으니, 이 점은 꼭 미리 확인하여야 합니다.

예를 들어, 한국에서는 시험 날짜가 없다거나, 본인이 원하는 장소에서 시험을 못 보는 일을 미리 방지하기 위해서 늘 시험일과 시험 장소에 관한 체크는 해야 합니다.

또한, SSAT의 경우 7, 8, 9월은 시험이 없으니 여름방학에는 SSAT 공부를 하고 미국에 돌아가서 시험을 보는 경우가 많습니다. 겨울의 경우라면 시험은 매달 지정되는 토요일에 있으니, 날짜를 맞춰서 진행하면 됩니다.

'스탠다드 테스트' 8번은 연중 10월과 6월 사이, 매달 징해진 토요일에 볼 수 있답니다.

Q39
보딩스쿨 인터뷰는
학교에 직접 가서 하나요?

인터뷰를 요청한다고 들었는데,
그러면 직접 학교에 가서 하나요?
그리고 인터뷰를 하면 합격하는 건가요?

인터뷰는 두 가지 종류로 나뉩니다.

미국에 직접 가서 진행하는 온캠퍼스 인터뷰(On campus inter-view)와 인터넷으로 진행하는 온라인(Online) 인터뷰가 있습니다.

학교에서는 어떤 인터뷰를 하건, 상관이 없다고 얘기합니다.

실제로 미국의 학교에 가지 않고 온라인 인터뷰를 통해 원하는 학교에 합격한 사례들이 많습니다.

물론, 미국에 이미 거주하는 학생이고 현재 거주지가 지원하는 곳에서 그리 멀지 않다면 직접 가서 입학사정관을 만나고 학교도 직접 보면서 인터뷰하는 것을 추천합니다. 미국에 거주하더라도 본인이 지원하는 모든 학교를 다 방문하기에 물리적인 여건이 맞지 않아 선택적으로 On campus interview를 하기도 합니다.

Tip

보딩스쿨의 경우, 대부분 인터뷰 기간이 크게 차이가 나지 않기 때문에 직접 학교를 방문해 인터뷰하는 경우 동선 파악이 몹시 중요합니다. 꼭 사전에 여유를 두고 항공, 숙소, 렌트카 예약 등을 하기 바랍니다.

Q40
어떤 수상경력이
합격에 도움이 될까요?

저희 아들은 어렸을 때부터
다양한 대회에 많이 참여했습니다.
그래서 초등학교 때부터 받은 상이 매우 많습니다.
이런 경우, 어떤 수상경력이
아이의 합격에 영향을 미치나요?

가장 좋은 것은 미국의 학교들이 충분히 알 수 있을 만한 대회나 캠프 등에서 수상한 경우입니다. 잘 알려지지 않더라도 본인의 우수함을 드러낼 수 있는 내역의 수상 또한 유용합니다.

예를 들어, 리더십을 보여주기 위해 3년 내내 학생회장을 역임했다고 한다면 누가 보더라도 충분히 알기 쉬운 상황입니다.

그러나 예를 들어 한국에서만 진행되는 '효사랑 글짓기 대회 우수상' 같은 것은 학생의 역량을 그대로 드러내기에 그 기준이 모호할 수 있습니다.

AMC 8에서 우수한 성적을 거뒀다고 하면 미국의 보딩스쿨 입장에서 정확한 판단 기준이 있지만, '독도 사랑 캠페인'에 참가했다고 한다면 무엇을 근간으로 판단할지, 명확한 기준이 없는 것이 사실입니다.

그렇기에 지원자들이 수상 내역을 준비하는 경우, 카테고리를 나누고 학업적 우수도 (수학, 과학 등 교내외 경시대회 및 학업 우수성) / 리더십 참여도(학생회 간부 활동 및 교내 클럽활동 등) / 스포츠 활동 및 다루는 악기, 혹은 그림에 대한 입상 경력을 통한 예체능 활동 / 봉사활동 행동 사항이나 특별한 점, 예를 들어 인턴십이나 관심 분야에 대한 활동과 같은 방식으로 분류에 맞춰서 학생의 다양한 면모를 부각하는 것이 중요합니다.

만약 학생이 명문보딩스쿨을 준비할 시간적 여유가 있다면, 이러한 분류에 맞춰 수상이나 참가를 할 수 있도록 효율적으로 준비하기 바랍니다.

Q41
보딩스쿨 중 순위가 높은
학교들이 궁금합니다.

명문 보딩스쿨이 아니면,
아이비리그 대학 진학이 어렵다고 들었습니다.
10위권까지의 학교 순위를 알려주세요.

부모님들이 많이 궁금해하는 순위이기도 합니다.

랭킹	학교 이름	위치
1	필립스 아카데미-앤도버 (Philips Academy-Andover)	앤도버, 매사추세츠 (Andover. MA)
2	필립스 엑시터 아카데미 (Philips Exeter Academy)	엑시터, 뉴햄프셔 (Exeter, NH)
3	초우트 로즈마리 홀 (Choate Rosemary Hall)	월링포드, 코네티컷 (Wallingford, CT)
4	세인트 폴 스쿨 (St.Paul's School)	콩코드, 뉴햄프셔 (Concord, NH)
5	로렌스빌 스쿨 (The Lawrenceville School)	로렌스빌, 뉴저지 (Lawrenceville, NJ)
6	디어필드 아카데미 (Deerfield Academy)	디어필드, 매사추세츠 (Deerfield, MA)
7	대처 스쿨 (The Thacher School)	오하이, 캘리포니아 (Ojai, CA)
8	밀튼 아카데미 (Milton Academy)	밀튼, 매사추세츠 (Milton, MA)
9	노블 앤 그리너프 스쿨 (Noble and Greenough School)	데드햄, 매사추세츠[유학생 지원 불가] (Dedham, MA)
10	그로튼 스쿨 (Groton School)	그로튼, 매사추세츠 (Groton, MA)

이 학교들이 랭킹 1~10위로 확인됩니다(2020 Best Boarding High Schools in America, Niche 참조).

그러나 랭킹이 높다고 해서 우리 아이에게 잘 맞는 학교라는 의미는 아니기에, 이 순위는 학교를 지원하는 데 고려할 요소 중 하나일 뿐 절대적 기준이 되어선 안 됩니다.

학교에 지원할 때는 우리 아이에게 흥미가 있는 활동이 제공되는지, 학업의 난이도는 어느 정도까지 구성되는지, 이 학교가 강조하는 교육이 우리 아이가 커가길 바라는 모습과 일치할 수 있는지, 졸업생들의 피드백은 어떠한지 등등 다양한 요소들을 고려한 후, 학교에 지원해야 합니다.

Tip

순위에 있는 학교 중 노블 앤 그리너프(Noble and Greenough)처럼 유학생을 받지 않는 보딩스쿨도 있습니다. 아이의 지원을 위해서는 유학생 선발 유무도 꼭 알아보기 바랍니다.

Q42
인터뷰에서 부모의 역할은
무엇인가요?

부모님의 인터뷰를 요구하는
학교들이 있다고 들었습니다.
부모님에게 하는 질문은 뭔가요?
무엇을 준비해야 하나요?

미국의 보딩스쿨은 부모님의 인터뷰를 요청하는 경우가 상당히 있으나, 유학생이라면 부모님의 학교 방문 인터뷰(on campus interview)가 필수가 아닌 경우가 많습니다.

학생이 학교에 직접 가서 인터뷰하는 데 부모님을 동반해서 간 경우라면 부모님과 대화를 나누기도 합니다만, 대부분 유학생 지원자의 경우는 부모님 에세이로 대체를 합니다. 에세이는 자녀에 대한 자세한 정보를 요구하거나 부모님의 생각을 물어봅니다.

예를 들면, 자녀가 성장하는 동안 가장 크게 기억에 남았던 사건이 무엇인지, 부모님이 생각하는 고등학생 시기의 성공이란 무엇인지, 아이 성격의 장단점에 대한 파악, 아이가 잘 성장하기 위해 학교에서 어떤 것들을 제공하고 협력해주기를 원하는지 등, 지원자에 대한 부모님의 평가 및 학교에 원하는 점이 무엇인지 에 대한 내용을 묻습니다.

물론, 부모님은 아이에 대해서 누구보다 잘 파악하고 있을 것이므로, 특별히 준비할 사항을 알려드리기보다는 삼가야 할 부분에 대해서 언급하는 것이 좋을 듯하네요.

첫째, 너무 까탈스러운 부모님으로 보이는 것을 피해 주세요.

– 당연히 학교에 관해 질문하는 것은 좋은 자세입니다만, '내 아이'만을 중심에 둔 질문으로 일관하지 않아야겠습니다. 예를 들면, '내 아이는 이것도 하고 저것도 하고 다 할 수 있는 우수한 아이인데 이 학교에서 그런 부분들을 다 갖추고 있나요?' 등 학교의 전반적인 시

스템과 교육이념보다 '내 아이'에게만 집중되는 질문들은 피하는 것이 좋습니다.

　둘째, '부모의 역할은 경제적 원조가 전부다'라는 모습으로 비치면 안 됩니다.
　- 아이와 학교, 그리고 부모님이 협조해서 아이의 미래를 만들어가는 것입니다. 돈을 냈으니 학교에서 알아서 아이를 키워라, 라는 식의 태도는 곤란합니다.

　셋째, 욕심과 열정에 대해서는 구분을 해야 합니다.
　- 어떤 부모님은 아이의 적성이나 장래보다는 학교에서의 지위에 따라 지원하는 때도 있습니다. 아이에게 좋은 것이 무엇인지를 잘 구분할 수 있는 모습 역시 중요합니다.

Tip

최근까지도 학교 방문 인터뷰에 동행하는 학부모님들이 많습니다. 어머님들께서 무엇을 입고 갈지에 대한 고민을 많이 했는데, 학교에서는 부모님이 무엇을 입었는지에 대한 판단은 하지 않습니다. 깔끔한 정장 차림 정도면 무난하고, 만약 영어가 원활하지 않다면 현지에서 통역해줄 분을 구해서라도 학교와 활발한 대화를 진행하는 것이 더 중요합니다.

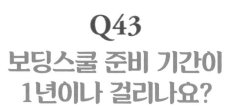

Q43
보딩스쿨 준비 기간이
1년이나 걸리나요?

조카가 미국의 기숙사학교에 갔는데,
만족도가 높아서 저희 아이도 보내려고 합니다.
언니한테 물어보니 준비하는 데
1년이 걸렸다고 합니다.
원래 준비하는 데 그 정도 시간이 소요되나요?

학생마다 상황이 다르기에 준비 기간이 어느 정도 걸린 다고 단정을 하기는 어렵습니다. 교과 성적, 특별활동 상황, 영어 실력에 따라 준비 기간은 차이가 납니다.

SSAT와 토플 등의 공인시험 고득점을 위한 준비 기간도 능력에 따라서 차이가 날 것이며, 특별활동 사항이 미비하면 대회 참가도 여유 있게 준비하라고 안내합니다.

만약, 학생이 국제학교에 다니며 영어로 수업을 하거나, 현재 미국 학교를 재학 중이라면 영어에 대한 준비 기간이 다른 학생들에 비해서 짧을 수 있습니다. 주니어 보딩을 다니면서 차곡차곡 자기 활동 이력을 쌓은 학생들이 비교적 수월하게 진학을 했습니다.

물론, 지원 시기를 더 늦출 수 없는 7, 8학년 지원자 중에서 2~3달 정도의 준비만으로 합격하는 때도 있었습니다. 학생들의 사례는 다양합니다.

시간 관리 및 우선순위 판단이 중요합니다. 정답은 없으며, 1년이란 기간은 아무런 준비가 되지 않은 학생이라면 절대 긴 시간이 아닙니다.

Q44
학교 관계자가 한국에 온다고 합니다. 그때 인터뷰해도 되나요?

보딩스쿨 학교 관계자가 한국에 와서
설명회를 한다고 합니다.
미국 가서 하는 인터뷰가 부담이 큰데,
그런 기회를 통해 인터뷰를 해도
입학에 문제가 없나요?

외국 학생 유치에 적극적인 보딩스쿨은 매년 정기적으로 관계자가 한국을 찾아옵니다. 이를 온더로드 트립(on the road trip)이라고 합니다. 학교들이 학생 모집을 하는 시기에 담당자들이 직접 한국에 나와서 설명회를 하는 경우입니다. 한국에서 준비하는 학생들은 학교 담당자를 직접 만나보고 얘기를 나눌 좋은 기회입니다.

그러나 이 과정은 사전인터뷰 및 학교에 대해 알아가는 기초적인 과정입니다. 학교에서 요구하는 인터뷰는

1. 학교와 언제 가능한지에 대한 시기적인 논의가 필요하며

2. 학교가 지원자에 대한 구체적인 질문을 하게 됩니다.

3. 방법은 학교에 직접 가시거나 물리적으로 힘든 경우, 온라인을 통해 인터뷰 진행이 됩니다.

(온라인 인터뷰라고 하더라도 시간 지정이 필요합니다.)

학교에서 한국에 와서 진행되는 인터뷰와 온더로드 트립에서 진행되는 인터뷰는 별개의 내용일 경우가 많으니 미리 확인하길 바랍니다.

Tip

모든 학교가 다 온더로드 트립 일정을 짜는 것은 아니기에, 내가 지원하는 학교들에 대한 정보는 미리 파악하고 있어야 합니다. 온더로드 트립 자리는 대부분 예약을 통해서만 참가할 수 있습니다. 애임하이교육(주)에서는 이러한 서비스를 도와드립니다.

Q45

중학교 학생회장 역임한 경력이 보딩스쿨 입학에 도움이 되나요?

아이는 해외에서 공부해본 적은 없지만,
한국에서 열심히 하는 학생입니다.
혹시 이런 한국에서의 입상이나 회장 등의 경력이
미국에서도 인정이 되나요?

학생회장이라는 타이틀은 리더십을 가장 잘 드러내는 것 중 하나입니다.

미국학교에서 학생회 간부를 하면 주당 10~15시간 이상 투자하게 되어서 학생의 리더십이나 봉사 정신을 가장 잘 나타내 줍니다. 그렇기에 한국이라 하더라도 학생회 활동, 특히 회장 활동을 했다는 점은 미국 보딩스쿨에서 높이 평가할 수 있는 장점입니다.

대회 입상실적에 대해서라면 어떠한 분야의 입상인지 별도로 확인을 해 봐야 합니다. 한국에서만 특별하게 하는 활동이고, 지원하는 보딩스쿨에서 판단 기준이 잘 안 설 것 같은 수상 실적이라면 수상 내역을 언급할 때 학교에서 이해가 잘 갈 수 있도록 특별히 신경을 써서 설명해야 합니다.

Tip

미국의 학생회는 기본적으로 회장(President), 부회장(Vice President), 비서 혹은 서기(Secretary) 그리고 회계(Treasurer), 이런 식으로 구성이 됩니다. 그리고 간혹 리포터(Reporter)와 회계감사(Auditor) 및 외부홍보담당(Public Relations Officer) 등 더 많은 역할이 있습니다. 미국 학생회는 본인이 학교를 위해 얼마나 활동하는지 보여줄 좋은 기회입니다. 보딩스쿨에 입학한 후, 학생회 활동에 참여해보는 것은 대학에 진학할 때 좋은 활동경력이 될 수 있습니다.

Q46
미국 과학고와 보딩스쿨,
어디를 지원하면 좋을까요?

아이가 미국 교환학생으로 나가서
공립학교에 재학 중입니다.
내년에도 계속 미국에서 공부하기를 원하는데,
과학고와 보딩스쿨 중에서
어디를 보내면 좋을까요?

우선, 부모님이 미국 과학고등학교를 알고 계시네요. 물론 보딩스쿨에서도 STEM(Science, Technology, Engineering and Math)을 집중해서 양성하는 학교들도 있습니다. 세인트 막스 스쿨(St. Mark's School), 세인트폴 스쿨(St. Paul School) 그리고 필립스 아카데미(Pillips Academy) 혹은 필립스 엑시터(Phillips Exeter) 등이 대표적인 예입니다. 전체적인 학문 외에도 우수한 과학 시설과 교수진, 그리고 커리큘럼을 통해 다양한 활동을 장려하는 학교들입니다.

그러나 이와는 별개로 미국의 과학고등학교도 있습니다. 과학과 수학 중점 수업을 제공하는 학교들로 숙소는 기숙사 형태인 곳과 홈스테이를 배정해주는 일반 사립학교 형태인 곳 등이 있습니다. 미국 과학고들은 대부분 AP 혹은 그보다 더 수준이 높은 듀얼 엔롤먼트(Dual Enrollment-대학교 수업을 고등학교에서 이수할 수 있으며, 이후 대학에 진학할 때 학점 인정이 가능합니다)를 통해, 더 깊은 연구를 할 수 있는 과정을 제공하는 곳들도 있습니다.

특히, 학비에 대한 차이가 있으며 보딩스쿨에 비해서는 상대적으로 저렴한 가격으로 수준 높은 수업을 통해 대학 진학 준비를 할 수 있는 학교늘이 있습니다.

학생이 준비해야 하는 사항으로는 SAT 혹은 토플, 아니면 학교 자체 테스트가 있으므로, 지원을 결정할 때 학생의 성향과 성적, 그리고 학비 및 관리형태 등 여러 가지 요소를 판단하고 결정해야 합니다.

Tip

개인적으로는 학생이 우수한 성적을 보유하고 시험 대비에 대한 충분한 시간적인 여유가 있는 상태라면, 두 형식의 학교를 같이 지원하기를 추천합니다. 몇몇 과학고들의 경우는 보딩스쿨에 비해 지원 시기가 늦은 경우가 있으니, 지원 대비가 충분히 가능합니다. 가능성은 크게 열어두셔야죠.

Q47

한국인이 입학 가능한
미국 과학고는
어느 학교인가요?

미국 유명 과학고들을 알게 되었는데,
유학생을 안 받는다고 하는 것 같습니다.
유학생은 미국 과학고 지원이 불가능한가요?

토마스 제퍼슨, 버겐 카운티 아카데미, 스터이비선트 과학고, 귀넷 과학고는 이름을 많이 들어본 학교일 거예요. 그러나 이학교들의 공통점은 유학생에 대한 입학이 불가능합니다.

많이 회자되는 학교들이지만, 미국 영주권자 이상 신분이 아니라면 현실적으로 넘을 수 없는 조건들을 제시합니다. 그러나 미국에도 분명히 유학생들을 선발하는 우수 과학고들이 있습니다. 대표적인 예로 메인과학고 혹은 뉴욕영재고, 프린스턴 과학고 및 풀톤 과학고 등의 학교들입니다. 이 학교들의 특징은 외국 유학생들도 지원할 수 있으며, 우수한 프로그램을 제공한다는 장점이 있습니다.

그러나 입학시험을 별도로 준비해야 하며, 유학생의 자리가 따로 보장된 것은 아니기에 우수한 GPA를 유지해야 합니다. 그리고 영어 실력 및 학업 능력을 보여줄 수 있는 입학시험 준비 역시 별도로 준비해야 합니다.

그렇다면 왜 미국 과학고가 좋은지에 대한 부분도 살펴보아야 하는데, 이후 미국대학 지원 과정에서 많은 학교가 학업의 난이도라는 점을 살펴봅니다. 이 과학고들은 우수한 학생들로 구성되어 수준 높은 학업과 연구를 병행합니다. 그렇기에 지원할 때 충분히 그 이점을 누릴 수 있다는 점과 원하는 분야에 대해 실질적인 경험을 충족할 수 있다는 점이 매력적이죠.

학생이 미래 산업을 이끌어가는 주역으로 성장하기를 원한다면, 수업과 연구가 잘 구성된 미국 과학고 입학에 대한 부분들도 상담을 통해 충분히 검토하길 바랍니다.

Q48
에세이는 첨삭을 받아야 하나요?

보딩스쿨을 지원하려고 하는데
아이가 에세이를 자신 없어 합니다.
이런 경우는 어떤 식으로
도움을 받을 수 있나요?

에세이는 본인 스스로 작성하고 꾸밈없이 쓰는 것이 원칙입니다. 그렇지만 우리나라의 교육이 에세이 작성에 매우 취약하여, 학생의 본래 능력을 잘 보여주지 못하는 경우가 많습니다. 이럴 때, 에세이의 첨삭지도는 나쁘지 않습니다.

솔직히 아이는 아이입니다. 질문에서 요구하는 부분 및 행간의 의미를 파악하지 못해 단순한 사실의 나열만을 하거나, 질문이 의도하는 문제에 답변하지 않고 다른 내용의 답변을 적는 경우도 많았습니다.

중요한 점은 무조건 잘 써야 한다는 것보다 아이의 사고방식과 아이의 단어들로 에세이가 정렬되어야 한다는 부분입니다. 이를 위해서는 브레인스토밍을 통해 다양한 스토리를 끌고 나올 수 있는 견인차 역할이 필요합니다.

아이가 질문의 의도를 완벽하게 파악하고 거기에 맞는 예시를 통해 본인의 답변을 제시하거나, 문법 및 어휘에 어색함이 없는 경우, '글의 톤 조절이 가능할 때라면' 에세이 첨삭지도는 필요 없겠습니다.

그러나 많은 학생이 -심지어는 미국 학생들도- 에세이 제출 전에 마지막 검토를 받는 것이 현실입니다. 특히 사소한 문법적 실수나 단어 철자의 실수로 입학의 기회를 감소시키지 않으면 좋겠네요.

Tip

그러나 다른 사람의 대필이나 표절의 경우는 절대 하지 말아야 합니다. 미국대학 입학 에세이를 작성할 때도 마찬가지입니다.

Q49
보딩스쿨은
아이비리그를 잘 가나요?

아이의 교육에 신경을 많이 쓰는 아빠입니다.
아이에게 보딩스쿨 이후
아이비리그 대학으로 이루어지는
최상의 교육환경을 제공해주고 싶습니다.
보딩스쿨에서 아이비리그 대학을 가는 확률은
어떤가요?

보딩스쿨을 간다고 해서, 무조건 명문대학 입학이 보장되는 것은 아닙니다.

9학년부터 보딩스쿨 생활을 한다면, 4년 동안 총 20~25만 달러 정도의 금액을 투자해야 합니다. 그런데도 최상의 교육환경이라는 이유로 보딩스쿨을 생각하는 부모님들이 있습니다.

확실히 현재까지는 필립스 엑시터나 필립스 앤도버, 세인트 폴의 경우, 졸업생의 30% 정도의 학생들이 아이비리그에 입학합니다. 일반적으로 아이비리그 입학률이 10% 미만인 것을 비교할 때, 압도적인 차이라고 할 수 있습니다.

랭킹 상위권 보딩스쿨의 아이비리그 진학률이 높은 것은 부정하기 어렵습니다.

Tip

아이비리그에 입학한 한국 학생들을 비율로 따져 보면, 한국에서 바로 아이비리그를 입학하는 경우는 일부 외고나 민사고 정도이며, 미국 조기유학 이후 명문 보딩이나 높은 순위의 사립학교에서 공부한 학생들이 대부분입니다.

Q50
명문 보딩스쿨이 GPA를 받기 불리하지 않은가요?

한국의 경우, 외고나 특목고는
입학 이후 내신 유지가 힘든데
명문 보딩스쿨들도 성적 받기 힘들지 않나요?
성적이 낮아지면 대학 가는 것에
불리하지 않나요?

사실, 부모님과 학생들이 가장 걱정하는 부분입니다.
"과연 우수한 학생들과 경쟁해서 내가 해낼 수 있을까?"라는 두려움은 명문 보딩스쿨에 도전하는 경우, 가장 큰 걸림돌입니다.

미국은 한국처럼 상대 평가를 하지 않고 절대평가를 하기에 본인의 역량이 중요합니다. 잊지 말아야 하는 것은, 학업이나 구성되는 커리큘럼 자체가 수준이 높다 보니 지원할 때 전략을 잘 세우는 것이 중요합니다.

명문 보딩스쿨 학생들은 좋은 대학에 진학할 확률이 높습니다. 그러나 모든 학생이 다 좋은 대학을 가는 것은 아닙니다.

대학에서는 명문 보딩스쿨이라면 일단 우수한 학생이라고 인지하겠지만, 전체적인 GPA가 떨어진다면 아무래도 대학 진학에서 불리한 입장이 될 수밖에 없습니다.

모든 선상에서 같은 데이터가 있을 때 명문 보딩스쿨이라는 부분은 도움이 될 수 있지만, 학점이나 공인점수 자체가 안 좋다면 완벽하게 커버해주지는 못한답니다.

Tip

미국대학에서는 전체적인 학점에 대한 부분도 평가하지만, 그 학점을 무슨 수업을 통해서 받았는지도 고려합니다. 즉, AP나 Dual Credit처럼 학생의 우수성을 입증할 수 있는 과목 수강에 대한 부분들도 꼼꼼하게 보기에, 11학년에 Algebra 2를 통해 A가 나오는 것보다는 AP Calculus BC를 통해 B가 나온 학생을 더 우수하다고 판단할 확률이 높습니다.

Q51
좋은 보딩스쿨에 가는 것이
대학 진학에 좋은 점이
뭐가 있을까요?

**'좋은 보딩스쿨 = 좋은 대학'이라고 하던데,
구체적으로 어떤 이익을 받을 수 있는 걸까요?**

보딩스쿨을 선택하는 이유가 우수한 학업 환경 때문인 경우가 많습니다. 대학 진학에 있어서 유리한 고지를 차지할 수 있다는 점입니다. 왜 그럴까요? 우선, 보딩스쿨이 데이스쿨에 비해 학생들에게 무엇을 해줄 수 있는지 파악하는 것이 좋습니다.

1. 학생들을 전문적으로 관리합니다.

사춘기의 학생들은 생활이나 학업적인 부분에서 완벽하게 자주적이기 힘듭니다. 그러다 보니 학교에서 체계적으로 관리하면서 생활의 안정을 도와줄 수 있습니다. 규율과 협동심을 배울 수 있는 계기가 됩니다.

2. 대부분 우수한 교사진이 있습니다.

AP나 Dual Credit(고등학교 수업 시간에 대학의 과목을 미리 공부하고 학점을 이수하는 과정)을 가르치는 교사는 최소 석사 학위 이상을 소지합니다.

많은 보딩스쿨에서는 다양한 과정의 AP를 통해 학생들의 학업적인 흥미를 충족시킵니다. 학생들의 학업적 우수성을 살려주는 독특한 교육도 이루어집니다. 특히 '하크니스 테이블(Harkeness Table)' 같은 토론식 수업은 필립스 엑시터에서 시작되었으며, 하버드에서도 그 우수성을 인정합니다.

3. 활동의 다양성이 존중됩니다.

좋은 시설과 좋은 코치, 같은 관심이 있는 팀메이트가 있는 운동경기, 같은 대회를 나가려고 준비하는 친구들이 있는 과학클럽, 수학클럽, 오케스트라나 밴드, 뮤지컬 등의 음악 활동 등이 제공됩니다. 물론, 데이스쿨에서도 이런 부분들을 제공하지만, 범위나 활동의 깊이, 그리고 같이 지내는 학생들의 열의는 확실히 온도 차가 있습니다.

아이들은 1~3번의 활동을 같이하며 생활을 함께 합니다. 사회성과 학업적인 열의가 향상됩니다.

보딩스쿨 학생들이 좋은 대학에서 성공적인 대학 생활을 하는 이유는 고등학교 때 학업적으로, 그리고 사회적으로 준비를 잘할 수 있었기 때문입니다.

Q52

선택의 기로에 있습니다.
사립학교와 보딩,
어디로 진학을 할까요?

지금 사립학교(데이스쿨) 재학 중입니다.
성적은 최상급입니다만,
전체 아이들이 60명 정도인 소규모 학교입니다.
이대로 성적을 톱으로 유지하는 것과
보딩스쿨에 진학하는 것, 어떤 선택을 하는 것이
아이에게 도움이 될까요?

전체 인원이 60명이라면 고등학교라고 하더라도 소규모의 학교네요. 초·중·고가 같이 있는 학교라면 더 작은 학교일 거구요.

가끔 이런 학생에 관한 상담을 합니다. 성적은 톱인데, SAT 점수가 나오지 않는다면서 고민하는 경우를 가끔 봅니다.

일단, 학생의 학년 및 공인점수, 그리고 성적표를 토대로 판단을 한 이후에 구체적인 답변이 나올 듯합니다.

학생이 11학년 이상이라면 그 학교에서 졸업하기를 추천합니다. 학교의 카운슬러가 학생의 대학 진학에 대해 더 신경을 써줄 수 있으며, GPA에 더 집중하는 대학에 지원하기를 추천하겠습니다. 다만, 이런 경우라면 학생이 대학 진학을 할 수 있는 여타의 상황이 준비되었는지, 혹은 어떻게 준비를 할지 전문가에게 상담을 받는 편이 좋을 듯합니다.

그러나 아이가 10학년, 혹은 그 이하의 학년이라면 보딩스쿨 진학을 추천하고 싶습니다. 물론, 아이의 성향이나 부모님의 경제적인 요건은 현실적인 부분이니 이후에 충분히 고려가 되어야 합니다. 하지만 전체 인원이 60여 명인 학교라면 이 아이가 하고 싶어도 하지 못하는, 또는 아예 처음부터 경험해볼 수 없던 학업적인, 혹은 교내외의 활동들이 많을 것 같네요.

성적이 우수하면 확실히 대학에 갈 때 도움이 될 수 있습니다. 그러나 학생 시기에 풍부한 경험을 쌓고 견문을 넓혀야 할 필요성 또한 성적 이상으로 중요합니다.

학생의 학년에 맞춰서 진학 계획을 준비하되, 아직 기회가 있는 학년이라면 보딩스쿨 진학을 고려해보길 바랍니다.

Tip

상담을 하다 보면, 미국에 지인이 있어서 그 근처로 아이를 보낸다는 부모님들이 많습니다. 당연히 지인이 옆에서 돌봐 주면 좋습니다. 그러나 미국 생활 체험이 아니라 대학 진학에 목표를 둔다면 일차로 학교 상담을 받아보고, 그 이후 대학 진학에 대한 계획을 잡고, 마지막으로 그 지역이 지인의 지역과 겹치는지의 순서로 진행하기 바랍니다.

Q53
대학컨설팅을
별도로 받던데
왜 그런가요?

지인의 아이가 보딩스쿨을 통해
명문대 진학을 했습니다.
좋은 보딩스쿨이고 학교 카운슬러가 있는데도,
한국에서 고액의 컨설팅을 받고
대학진학 준비를 별도로 하던데 이유가 뭘까요?

당연히 미국 보딩스쿨의 카운슬러들은 명문대학에 대해 충분한 지식이 있습니다. 이 학생의 성적과 성향에 따라 대학지원에 대한 적극적인 도움을 줍니다. 작년에도, 그 전년에도, 그리고 4년 전에도 그 자리에서 선배들을 아이비리그에 보냈을 테니 충분히 잘 알고 있습니다.

그러나 많은 명문 보딩스쿨 학생들이, 대학의 지원전략이나 에세이 부분에 대한 더 세밀한 조언을 원합니다.

학교 카운슬러와 한국의 컨설팅 업체의 차이점은 아마도 '대상이 누구냐'라는 부분일 듯합니다.

보딩스쿨의 카운슬러들은 대부분 미국 학생들을 대상으로 진행하며, 한국의 컨설팅 업체는 유학생 대상으로 컨설팅을 하기에, 판단하는 데이터가 다릅니다. 특히 아시아 학생들은 SAT 평균이 미국 전체 SAT와 비교해 매우 높기에, 기관에서 발표하는 점수만 믿고 지원 기준을 잡으면 안 됩니다.

에세이 역시 명문대학 유학생 출신 에세이스트가 검수합니다. 그 이유는 유학생으로의 강점, 그리고 문화의 다양성이 기저에 깔려 조금 더 에세이가 풍부해졌는지를 보기 위해서입니다.

알게 모르게 명문 보딩스쿨 학생들도 대학지원은 별도로 도움을 받는 경우가 많답니다.

Q54
저렴한 보딩스쿨은 없을까요?

아이가 사립학교(데이스쿨)를 다니는데,
홈스테이와의 문제가 심각합니다.
연간 5, 6만 달러를 내는
보딩스쿨을 보낼 수 있는 형편은 아닙니다.
아이가 더 이상 홈스테이 생활을
하지 않겠다고 해서 도움을 요청합니다.

아무래도 홈스테이 가족은 '복불복'인 경우가 많습니다.

좋은 호스트를 만난다면 제2의 가족이라는 경험을 할 수도 있지만, 서로 맞지 않는 홈스테이 가족과 생활하다 보면 정작 학업에 집중하기 어려운 경우가 발생합니다.

그러다 보니 전체적으로, 그리고 전문적으로 관리를 하는 보딩스쿨로의 진학을 문의하는 경우가 많은데, 보딩스쿨 역시 금액의 차이가 학교마다 큰 편입니다.

저렴한 보딩스쿨들도 있지만 왜 저렴한지에 대한 고민도 해봐야 합니다. 실제로 캘리포니아의 한 학교 중 저렴한 보딩스쿨에 다녔던 학생을 만나서 대학지원에 대해 논의한 적이 있습니다. 그런데 그 학교는 커리큘럼에 대한 부분이나 활동에 대한 지원이 거의 없었을 뿐만 아니라, 대학 진학에 대해 전문적이지 못하다고 판단해서 외부 컨설턴트를 찾고 있었습니다.

그래서 저희가 추천하는 부분은 차라리 금액이 높은 학교를 선택하고, 그 학교의 장학금이나 재정보조가 가능한지를 확인하는 것입니다.

TOP 학교뿐만 아니라 중상급 학교에서도 학생들을 위한 장학금 및 재정보조 제공이 되는 경우가 있습니다. 이런 정보를 바탕으로 학교에 지원한다면 평균 이상의 학업 및 외부활동 커리큘럼 제공과 관리 등이 이루어질 수 있고, 대학 진학을 위한 원활한 준비도 가능합니다.

Q55

장학금을 받고
보딩스쿨에 가기도 한다던데,
가능한가요?

———

지인의 아이가 A 유학원을 통해
보딩스쿨을 갔습니다.
그 아이가 한국에서는 두각을 나타내지 않았는데,
미국 보딩스쿨에 가면서
장학금을 받고 갔다고 합니다.
보딩스쿨도 장학금 받고 갈 수 있나요?

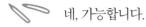 네, 가능합니다.

그리고 여기서 한 가지 분명히 해두어야 하는 것은, 장학금과 재정보조는 다르다는 점입니다. 장학금은 일반적으로 학생이 우수한 능력이 있을 때, 학생의 학업이나 특기 사항을 두고 학교에서 결정해서 금액을 감면해 주는 혜택을 의미합니다.

학생에 따라 성적 우수 장학금을 받는다거나 간혹 체육 특기, 미술특기 등의 방면으로 장학금을 받기도 합니다. 우수한 학생들이 많이 몰리는 TOP 학교는 성적우수 장학금이나 특기생 장학금보다는 재정보조 지원이 더 많다고 할 수 있습니다. 세인트 폴(St. Paul's School) 혹은 필립스 엑시터(Philips Exeter)의 경우, 합격생의 부모님 연 소득이 일정 이하라면 전체 학비를 감면합니다. 그러나 어떤 학교들은 이런 정책을 유학생에게는 허용하지 않기도 하니, 지원 전에 이런 부분은 꼭 알아봐야 합니다.

재정보조는 요청하면 결정되며, School and Student Services(SSS)를 통해서 신청할 수 있습니다.

이 경우, 부모님의 소득이 어느 정도인지 서류 제출이 필요하며, 학교에 따라 유학생은 재정보조 지원에 제한이 있는 학교가 있으니 미리 확인을 해봐야 합니다.

장학금을 받은 경우인지, 재정보조를 받은 것인지 구분해서 알아볼 필요가 있습니다.

성적우수 장학금이나 활동에 대한 장학금 지급은 학교에서 결정하고 금액 제안을 합니다. 보딩스쿨에서 유학생 유치를 위해 장학금 정책을 별도로 시행하는 경우, 학생의 현재 상황에 맞추어 다양한 전략에 따라 장학금을 목표로 하는 것도 좋은 방법입니다.

Tip

재정보조 지원은 대부분 학교마다 지원 시기가 다릅니다. 그러나 11월부터는 재정지원에 대한 서류는 작성을 시작해야 합니다. 그전에 학교에 대한 정보를 좀 더 꼼꼼하게 조사하는 것도 필수 사항이랍니다.

유학생도 보딩스쿨에 지원할 때, 재정지원을 받을 수 있나요?

미국대학의 경우는 유학생들이 지원해도
재정지원 보조를 받을 수 있다고 하던데,
혹시 미국 보딩스쿨도 이러한 제도가 있나요?

미국 보딩스쿨의 경우에도 재정보조 지원을 할 수 있습니다.

물론, 학교에 따라 재정보조 지원이 합격과 불합격에 영향을 미칠 수 있는 범위는 다르지만, 유학생 학부모님들을 위한 재정보조 지원 서류는 있습니다.

다만, 이러한 재정보조를 신청할 때 주의해야 하는 것은 기한 내에 학교에서, 혹은 결정 기관에서 요구하는 서류들을 제출해야 한다는 부분이며 이 신청은 매년 새롭게 이루어져야 합니다. 재정보조는 부모님의 연간 재정의 변동 상황을 중요하게 평가하기 때문입니다.

신청서는 영문으로, 그리고 현재 미국 달러 환율을 기준으로 작성해야 합니다.

Tip

NAIS(National Association of Independent Schools-국가 사립학교 연맹)의 조사에 의하면, 총 6개의 보딩스쿨과 1,167개의 사립학교 중에서 재정지원을 받는 보딩스쿨 재학생의 비율은 39.6%이며, 한 학생당 지원을 받는 평균 액수는 $31,363(2019년 현재)입니다. 이 정도라면 도전해 볼 만 하지요?

Q57

보딩스쿨에 지원할 때,
재정지원 요청을 하면
입학에 불리한가요?

———

보딩스쿨에 지원할 때
재정지원을 해달라고 하면
입학에 많이 불리한가요?
그리고 재정지원을 신청하면
어느 정도 받게 되나요?

우선, 이 답변을 드리기 전에 미국 보딩스쿨의 재정지원에 대해 전체적으로 알아봐야 할 것 같습니다.

보딩스쿨의 재정지원은 크게 두 가지인 성적장학금과 재정보조(Financial Aid)로 나뉘게 됩니다.

성적장학금은 학생의 학업이나 예술, 혹은 운동으로 인해 받을 수 있는 감면정책입니다. 학부모의 경제적인 상황이 아닌 학생 본인이 지닌 다양한 역량에 의해 받을 수 있는 장학금입니다. 별도의 신청서류가 필요하지 않으며, 간혹 학교에서 에세이를 추가로 요구하기도 합니다.

재정보조의 경우는 학부모의 경제적인 상황에 따라 학비 감면이 제공됩니다. 이 비용은 학교의 자산 규모에 따라 제공되는 범위가 달라집니다. 어떤 학교의 경우는 부모님의 소득이 일정 범위를 넘지 않고, 학생이 우수하다면 학비가 무료인 경우도 있습니다. 네, 익히 아시는 것처럼 필립스 엑시터(Philips Exeter)의 경우가 부모님 연간 소득이 $75,000 이하면 학비를 내지 않고 학교에 다닐 수 있습니다.

그러나 모든 학교가 이렇게 운영할 수는 없습니다. 보딩스쿨의 경우는 학생들의 등록금과 학교 자체의 자산(기부금 포함)으로 운영이 되기에, 대부분 학교는 전액이 아닌 일부 재정보조를 해줍니다.

케이트 스쿨(Cate School)에서 밝힌 바에 의하면, 학생들의 재정보조는 필요에 의한 만큼 제공이 될 거라고 합니다('Need-Based financial aid'라고 합니다). 신청서와 부모님의 소득 입증서류를 제출해야 하며, 입학처와 재정보조를 심사하는 기관은 분리되어 있습니다.

많은 학교가 재정보조 신청과 입학 신청을 분리합니다. 즉, 재정보조 신청을 하더라도 입학 진행에 불리하지 않은 학교들이 있습니다. 지원전략에 있어서 철저하게 조사하고 신청한다면, 생각보다 경제적으로 보딩스쿨 진학이 가능합니다.

Tip

밀튼 아카데미(Milton Academy)는 독특한 장학금 제도가 있어서 소개해 드려요. 바로 한국전 참전 추모 장학금(Korean War Memorial Scholarship)이라는 건데, 한국전에 참가했던 졸업생들이 순국선열이 된 것을 기리기 위한 장학금입니다. 개발도상국의 유학생들에게 그 기회가 열려있는 장학금이랍니다. 한국을 위해 목숨 걸고 참전했을 뿐만 아니라, 개발도상국 학생들에게 그 교육의 기회까지도 열어주었다는 점은 다시 생각해도 감사할 따름입니다.

Q58

보딩스쿨 다니면
연간 총 어느 정도의 비용이
소요되나요?

———

아이를 보딩스쿨에 보내려고 하는데,
대략적인 비용이 궁금합니다. 대부분 연간 1억 정도
든다고 하는데, 학교 사이트에서 보면
5만 달러 정도라고 나와 있습니다.
학교에서 공식적으로 나오는 비용 말고,
추가적인 비용을 어느 정도로 예상해야 하나요?

미국 전체 보딩스쿨의 평균 학비는 $55,000 정도입니다.

그러나 현재 보딩스쿨의 비용은 $60,000을 넘어가는 학교들이 상당히 많습니다.

어떤 학교의 경우, 학비는 $55,000 정도였으나, 유학생이면 내야하는 유학생 비용(International Student fee), ESL 비용, 보험비용을 다 합산하니 $60,000이 넘어가네요.

아마 부모님께서 추가지급을 예상해야 하는 부분으로는 아이가 움직일 때 드는 항공 비용 및 단기 방학에 미국에서 머물 숙소 비용, 학교의 필드트립을 위해 해외로 나가는 경우의 비용입니다.

그렇기에 요즘 보딩스쿨 문의를 하시는 부모님들의 경우, 장학금 혹은 재정보조에 대한 문의를 많이 합니다. 유학생도 지원할 수 있기에, 특히 재정보조의 경우는 놓치지 않으면 좋겠네요.

Q59
축구로 장학금
받을 수 있나요?

———

저는 축구선수가 되고 싶은 중2 학생입니다.
부모님이 장학금 받고 유학 가면 된다고 하는데,
혹시 축구로 장학금 받고 갈 수 있나요?

🕐　축구선수가 되고 싶어서 전문적인 체육 관련 보딩스쿨로 진학하려고 한다면 더 잘 알아봐야 한답니다. 그런 학교들은 대부분 아예 처음부터 장학금 제공을 안 하거든요.

그러나 이 경우에는 제가 진행했던 한 학생의 얘기를 해드릴게요.

이 학생의 부모님은 아이에게 더 많은 기회를 제공하고자, 유학을 생각했습니다.

아이는 영어 실력이 부족했지만, 밝고 예의 바른 친구였습니다. 학업에 대한 부분도 그다지 높지는 않았습니다만, 건강하게 잘 자란 학생이었습니다. 부모님은 홈스테이에 대한 불안감으로 보딩스쿨 지원을 결정했습니다. 학생이 갈 수 있는 학교들 전략을 세우고 지원을 했습니다.

그리고 인터뷰 요청이 왔죠.

아이는 서툴지만, 활기차게 인터뷰를 했습니다. 그 와중에 선생님이 물어봤습니다.

"너는 어떤 운동을 좋아하니?"라고 하자, 이 친구가 축구에 대한 열정을 고스란히 드러냈습니다. 그러자 선생님이 우리 학교에도 축구팀이 있는데, 너도 와서 대표팀으로 뛰는 건 어떻겠냐고 제안을 했다고 합니다.

그리고 다음 날, 학교에서 합격과 동시에 $8,000의 장학금을 제안했습니다. 물론 이 학교의 비용 역시 $50,000이 넘지만, 저 금액은 적은 액수는 아니었죠. 이 제안은 상당히 파격적이었기에, 오래 기억에 남네요.

자, 여기서 하고 싶은 말은 축구 때문에 전액 장학금을 제공하는 일반 보딩스쿨은 많지 않다는 점입니다. 본인이 지원하게 되면 일정 부분의 장학금은 제안받을 수 있습니다. 그리고 나머지 금액은 부모님이 지원하는 것으로 유학 계획을 잡는 것이 현실적이랍니다.

Q60

아이가 보딩스쿨에 합격을 했습니다. 그 이후에는?

합격 결과를 오래 기다렸는데
고대하던 소식을 들었습니다.
이제 학교 가기 전까지 무슨 준비를 해야 하나요?

우선, 합격을 축하 드립니다!

9학년 이상 학년으로 보딩스쿨을 진학하는 학생들은 처음부터 대학 진학에 대한 기본적인 계획을 세워야 합니다.

9학년부터의 성적은 미국대학에 진학할 때 평가요소의 하나이기 때문입니다. 성적 유지와 무슨 수업을 들을 것인지, 학업 구성에 대해 학교의 핸드북을 꼼꼼하게 숙지해야 합니다.

물론, 카운슬러 선생님이 졸업 학점까지 맞춰서 무슨 수업을 들어야 하는지 도와주겠지만, 본인이 무엇을 하고 싶다는 명확한 목표가 있다면 수업에 대한 계획을 더 수월하게 잡을 수 있답니다.

그리고 여름에 나오는 '서머 리딩 리스트(Summer Reading List)'를 참조, 책을 미리 읽고 학기에 공부할 영어 과목 준비를 해야 합니다. 아무리 강조해도 지나치지 않는 것은 글쓰기의 중요성입니다. 에세이를 쓰는 양식과 어휘력, 그리고 문장 구사력 등은 이후에 학교생활을 해나가는 데 있어서 강력한 무기가 되어 줄 거예요.

학생의 학년에 따라 차이는 있겠지만, 대학 진학에 대한 거시적인 계획을 준비해야 합니다. 전공에 대한 고민, 그리고 본인의 역량을 키울 수 있는 활동 혹은 대회에 대한 준비 등을 설계하는 것은 지금 시기에 해야 하는 부분입니다.

Q61
클럽활동은 어떻게
선정을 하는 것이 좋은가요?

10학년 보더 어머니입니다.
아이가 정치외교에 관심이 많은데,
학교의 클럽활동도 전공 적합성에
맞는 준비를 하는 것이 좋은가요?
혹은 아이가 좋아하는 운동 활동을
준비하는 게 좋은가요?

학생이 정치외교로 관심을 보인다면, 이후 진로도 명문대학의 관련 전공으로 지원할 가능성이 크겠네요.

대부분 이런 경우라면 시간 관리형태를 평가받게 될 듯합니다. 다시 말해, 본인이 관심 있는 전공 적합성에 맞는 활동과 동시에 좋아하는 운동 활동도 이루어져야 합니다.

이후 명문대학을 진학할 때는 얼마나 다양한 활동을 주도적으로 해왔는지 기재해야 합니다. 그러므로 아이가 학생회 활동을 한다거나, MUN(Model UN) 혹은 토론 활동 및 모의재판 활동을 하는 등의 전공에 맞는 다양한 활동을 하는 것도 중요합니다. 하지만 얼마나 오랜 기간 지속해 왔는지, 그리고 이러한 활동에서의 역할은 무엇이었는지, 주당 몇 시간을 투자했는지도 중요합니다.

다양한 방면에 관심이 있다는 것 역시 대학 진학뿐만 아니라, 아이의 미래를 위해 좋은 기회입니다. 이 때문에 운동에 대해서도 적절한 시간을 배분하는 것이 좋습니다. 굳이 하나의 활동에만 집중해야 할 필요는 없습니다.

Tip

학생 중에서 메타인지가 좋은 학생들은 생활계획을 잘 짜고 실천을 잘하는 편입니다. 만약 이 부분이 약한 학생이라면 습관이 들 때까지는 부모님이 활동과 학점, 그리고 공인 점수에 대해 일정을 잡아주고, 중요도에 의한 전반적인 관리를 해주는 것도 하나의 방법입니다.

Q62

Summer Reading List를 받게 될 거라고 안내받았습니다.

정확하게 뭘 의미하는 건가요?
여름에 읽을 책 목록인가요?

많은 미국의 학교들은 대부분 여름방학 기간이 3달 남짓 됩니다.

대부분 5월 말 정도에 방학을 시작하고, 9월 전에 개학합니다. 그 사이, 긴 시간의 여름방학을 갖게 됩니다. 그러다 보니 다양한 분야에 대해 독서를 통한 지식을 축적하기를 요청합니다.

이런 서머 리딩 리스트는 보딩스쿨에서만 제공하는 것은 아닙니다. 대부분 미국학교는 여름방학 기간에 읽어야 하는 책 목록이 제공되며, 그중 일부는 다음 학기의 영어 수업을 위해 미리 읽어오라고 합니다.

요즘 학교들은 고전뿐만이 아니라, 다양한 분야의 최근 책들에 대해서도 검토하고 추천합니다.

한국처럼 방학 숙제라서 읽고 독후감을 써내지는 않습니다. 그렇지만 안 읽는다면 아무래도 다음 학기 수업이나 관련 분야의 지식은 읽어온 다른 친구들에 비해서 떨어지겠죠.

많이 추천받는 책들은 다음과 같습니다.

POETRY(시)

Final Harvest Poems, Emily Dickinson(파이널 하베스트, 에밀리 디킨슨)
The Raven and other favorite poems, Edgar Allan Poe(까마귀 외, 에드가 앨런 포)
The Dream Keeper and other poems, Langston Hughes(드림키퍼, 랭스톤 휴즈)

LITERATURE(문학)

To Kill a Mockingbird, Harper Lee LEXILE: 870(앵무새 죽이기, 하퍼 리)
The Hobbit, J.R.R. Tolkien LEXILE: 1000(호빗, J.R.R 톨킨)
The Catcher in the Rye, J.D. Salinger LEXILE: 690(호밀밭의 파수꾼, J.D 샐린저)

DRAMA(희곡)

The Glass Menagerie, Tennessee Williams(유리동물원, 테네시 윌리엄즈)
MacBeth (The Pelican Shakespeare), William Shakespeare(맥베스, 윌리엄 셰익스피어)
Monster, Walter Dean Myers LEXILE: 670(몬스터, 월터 딘 마이어스)

NONFICTION(논픽션)

Malcolm X: By Any Means Necessary, Walter Dean Myers LEXILE: 1050(말컴 X 필요한 모든 수단, 월터 딘 마이어즈)
Night, Elie Wiesel LEXILE: 590(나이트, 엘리 위젤)

Q63
오리엔테이션에는 무엇을 하게 되나요?

———

**아이가 오리엔테이션 중에
가족여행이 있어서
참가를 못 할 것 같습니다.
불이익이 있을까요?**

일단 오리엔테이션은 참석 필수입니다. 학교에 처음 가는 날입니다. 이 학교가 처음인 다른 친구들도 만납니다. 모두 다 같은 배를 탄 입장이다 보니 서로 친해져야 하고, 또 학교의 각종 시설이나 선생님들, 그리고 누구에게 어떤 도움을 요청해야 하는지도 익숙해져야 합니다.

학교에서도 이 점을 충분히 인지하고 있기에, 대부분 오리엔테이션 기간을 길게 잡습니다. 하루 이틀 만에 끝나는 학교도 있겠지만, 대부분 오리엔테이션 주간이라고 해서 첫 주는 새로운 학생들을 위해 새로운 생활을 안내합니다.

물론, 가족과 시간을 보내면서 좋은 추억을 만들고 싶은 것도 충분히 이해합니다. 그러나 이 친구는 새로운 환경에서 새로운 생활을 해나가야 하는 상황입니다. 새로운 친구들을 사귀고, 학교를 익히는 기회를 놓치지 않았으면 합니다.

Tip

가족여행을 꼭 해야 한다면 학교에 연락해서 별도의 오리엔테이션을 받을 수 있는지 문의하길 바랍니다. 그만큼 오리엔테이션은 학교에서 생활할 학생에게 중요한 일정입니다. 그리고 꼭 확인해야 하는 부분이 있습니다. 유학생은-학교 시작 30일 전부터 학생비자로 미국 입국이 허용됩니다. 그 날짜보다 미리 가는 것도 안 됩니다- 미국 내 여행을 하는 경우라면 상관없지만, 미국을 제외한 다른 나라를 여행하다가 미국 입국이 오리엔테이션 날짜보다 늦는 경우, 입국 자체에 문제가 생길 수도 있으니 이 점 역시 유의하기 바랍니다.

Q64
한국 학생이 많은 보딩스쿨은 피하는 게 좋을까요?

유학 가서 한국 애들끼리 어울리면
영어도 잘 늘지 않는다는데,
한국 학생이 많은 보딩스쿨을 알 수 있나요?
그리고 그런 학교는 지원하면 안 되겠죠?

일단 보딩스쿨의 경우, 특정 국가 출신이 몇 명이라는 자료를 밝히지 않습니다.

보딩스쿨은 문화의 다양성을 존중하기 때문에, 특정 국가의 학생 수가 많다고 그 국가 학생의 지원을 제재하지 않습니다.

그리고 최근에는 미국의 보딩스쿨 중에서 한국 학생 비율이 높아서 영어가 잘 안 늘고, 한국 학생들끼리만 뭉쳐 다니는 학교들은 많이 줄어들었습니다.

다만 보딩스쿨에서는 전체 외국인 유학생 숫자를 밝히고 있으므로, 전체 학생의 반 이상이 유학생인 학교는 가급적 추천을 하지 않습니다.

Tip

보딩스쿨 유학생 중 중국이나 태국, 베트남 학생들의 보딩스쿨 지원이 많이 늘어나서 상대적으로 한국 학생의 비율이 낮아지고 있습니다. 한국 학생이 뭉치는 경우는 이제 걱정할 필요가 없을 듯합니다.

Q65
명문 보딩스쿨이
일반 학교랑
다른 점은 뭘까요?

대부분 보딩스쿨을 가려고 하는 부모님들은
명문 보딩스쿨을 바라던데,
이런 학교에 가는 확실한 이점이 있나요?
배우는 교과가 아예 다른가요?

그렇지 않습니다. 미국의 고등학교 중 많은 보딩스쿨은 칼리지 프리퍼레이토리(college preparatory)라고 하는 대학 진학을 목표로 합니다. 그러다 보니 미국대학에서 요구하는 과정을 충실히 준비합니다.

예를 들어 9~12학년 사이에 영어는 4년, 학교에 따라 수학 3~4년, 과학 3년, 사회 3년, 외국어 2년 등의 기본적인 과목들을 공부하고 대학에 오기를 요구합니다. 이 때문에 보딩스쿨을 포함한 일반 고등학교에서는 이런 과목들을 준비합니다.

이런 명문 보딩스쿨이나 일반 보딩스쿨, 혹은 데이스쿨이라는 사립학교라고 하더라도 들어야 하는 과목에 대한 차이는 없습니다. 그러나 과목은 같지만, 학교마다 제공하는 과목의 수준은 다를 수 있습니다.

미국의 대학은 이러한 성적의 구성(학업의 난이도라고 이해하면 좀 더 수월하겠네요)을 학점과 같이 평가하기에, 우수한 학생들이라면 좀 더 난이도가 있는 과목을 통해 본인의 우수성을 입증하고자 할 것입니다. 명문 보딩스쿨은 이러한 우수한 과정의 학업들 및 교사진들을 제공합니다.

Tip

중상급의 일반 보딩스쿨의 경우도 이러한 과정들은 준비되었습니다.
앞서도 말씀드렸지만, 300여 개의 모든 보딩스쿨이 다 명문일 수는 없습니다. 나에게 맞는 형태의 학교라고 판단해서 지원할 때는 충분히 지원전략과 이후의 미래에 대해 검토한 후, 합격 학교 중에서 결정해야 합니다. '내가 가서 잘할 수 있을까'라는 부분 역시도 고민해야 하는 내용 중 하나입니다.

Q66
보딩스쿨의 규칙에 대해서
알려주세요.

보딩스쿨을 가고 싶은 학생입니다.
규율이 엄하다고 하는데,
예를 들면 어떤 식인가요?

학교마다 차이가 있기에, 대부분 학교에서 적용되는 일반적인 규율에 대해서만 언급하겠습니다.

한국의 학교처럼 흡연 및 음주, 폭력, 약물 등이 금지된 것은 당연하며, 통행 금지 혹은 소등 시간이 있는 경우가 많습니다. 학생들의 안전을 위해 점호를 할 때 학생들이 지정된 장소에 있어야 하기 때문입니다. 또한, 외출이나 외박은 학교의 허락을 받아야 할 수 있는 경우가 대부분입니다.

학교마다 드레스코드라고 해서 교복을 입거나 혹은 지정된 범위 안의 옷, 신발만 허용하기도 합니다. 그러나 화장이나 머리에 대한 제재는 심하지 않습니다.

많은 보딩스쿨의 경우, 선생님들이 상주하고 있으며 선생님들이 기숙사 관리 감독을 하기에 체계적인 관리를 받을 수 있습니다.

보딩스쿨의 규율이 엄하다는 것은 학생들에게 벌을 주려고 하는 것이 아닙니다. 학교에서, 그리고 기숙사에서 같이 살아가야 하는 공동체 생활이기 때문에 서로에게 불편을 끼치지 않고자 마련된 규칙이라고 이해해야 합니다.

Q67
Private School vs Independent School은 무슨 차이인가요?

학교를 찾다 보니,
이런 부분들이 많이 혼동되네요.
어차피 사립학교 아닌가요?

이 용어는 현지에서도 공립학교랑 대비되는 개념으로 혼용해서 사용하는 경우가 많습니다. 간단하게 설명하자면 Private School(프라이빗 스쿨)은 말 그대로 사립학교입니다. 공립학교가 아닌 학교들은 모두 다 사립학교입니다. 기숙사가 있으면 보딩스쿨이고, 기숙사가 없으면 데이스쿨이라고 구분합니다.

independent school(인디펜던트 스쿨)은 사립학교에 포함이 됩니다. 다만, 자신들의 관리 감독을 어디에 두느냐의 차이가 발생한답니다. 공립학교는 주정부나 연방정부의 지원 보조를 받고 관리되는 한편, 인디펜던트 스쿨은 직접 재정을 조달합니다.

전통적으로는 종교 단체의 기금을 통해 발전해왔기 때문에, 인디펜던트 스쿨을 보면 종교적인 색채가 들어간 학교들이 많습니다. 인디펜던트 스쿨은 사립학교의 일종으로, 자체적인 이사회를 통해 관리되는 학교라고 보면 될 듯합니다.

'모든 인디펜던트 스쿨은 프라이빗 스쿨이다'라는 명제는 참입니다. 그러나 '모든 프라이빗 스쿨은 인디펜던트 스쿨'은 아닙니다.

Tip

인디펜던트 스쿨(Independent School)은 NAIS(National Association of Independent Schools-국제사립학교 연합)에서 인증을 받은 학교들이고, 대부분 큰 자산을 직접 관리하는 유명 학교들이 많습니다.

Q68

보딩스쿨은
일반 고등학교보다
졸업하기가 까다롭나요?

**보딩스쿨은 일반 고등학교와 비교해서
요구하는 과정들이 많아
졸업이 쉽지 않다고 들었습니다.
무엇을 더 요구하는지요?
실제로 졸업을 못 하기도 하나요?**

대부분의 보딩스쿨 역시 일반 학교들처럼 학업에 대한 졸업 요건이 있습니다만, 크게 차이가 있지는 않습니다.

수학이나 과학 분야에서 하나 정도의 수업을 더 듣기를 요구하는 학교들이 많은 편이며, 외국어에 대한 수강이 요구되는 학교들이 더 많다는 정도입니다.

다만, 학교에 따라 일정 시간 이상의 봉사활동이나 특정 운동을 요구하는 학교들이 있습니다. 학기마다 운동해야 하는 일정 시간을 정해놓은 학교들도 있습니다. 그러나 일반 학교들과 다르게 가장 독특한 부분은 대학 진학에 관련된 부분입니다.

대부분의 보딩스쿨은 PSAT 시험을 무조건 치르게 하며, 학년이 올라가면 SAT 혹은 ACT를 봐야 합니다. 이런 경우, 학교에서 무료로 제공해주기도 하니까, 잘 활용하면 좋겠네요.

또한, 일반 사립학교와 다르게 대학 진학 역시 철저하게 관리하기 때문에 졸업 전에 몇 개 이상의 대학 지원서를 무조건 써야 하기도 합니다.

실제로 졸업을 못 하는 경우는 드뭅니다. 대부분 학생이 졸업할 수 있도록 학교에서도 최선을 다해 협조하고 있습니다. 만약 졸업을 못 하는 경우가 발생한다면 다른 학교로의 전학을 통해 고등학교 과정을 이수할 수 있는 환경을 추천해주기도 합니다.

Q69

딸아이에게 추천해줄 수 있는 여학생 보딩스쿨이 어디인가요?

딸아이가 우수하고, 유학을 희망합니다.
불안한 마음에 반대했지만,
여학생 보딩스쿨이 있다고 해서
긍정적으로 고려하는 중입니다.
추천해 줄 수 있는 여학생 보딩스쿨이 있나요?

여학생 보딩스쿨 진학을 희망하는 학부모님들은 안전해서, 그리고 우수해서, 대학 진학 결과가 좋아서, 라는 이유를 들어서 생각하는 분들이 많습니다.

또한, 여학생 보딩스쿨은 남녀공학 보딩스쿨에 비해 여학생의 STEM(Science, Technology, Engineering and Mathematics 과학, 기술, 공학, 그리고 수학 등의 이공계열) 계열 참여도가 높습니다. 남녀공학은 남학생들이 주로 차지하는 역할을 여학교에서는 여학생들이 더 주도적으로 차지할 수 있어서, 이공계열 관련 클럽활동이나 이공계열 대학 진학 실적 역시 좋아지는 추세입니다.

저희가 정리해놓은 여학교 보딩스쿨이 있으니, 여학교 보딩스쿨 정리표를 보면 좀 더 간단하게 이해가 될 듯합니다.

학교명	위치	비고
채담 홀 (Chatham Hall)	채담, 버지니아 (Chatham, VA)	VA의 아름다운 캠퍼스를 자랑하는 학교, 전통이 오래된 학교이며 학업 준비가 잘되는 학교입니다. 사회성을 배양하는 데 집중하는 학교이며 외부활동들이 상당히 다양합니다. 여학교 보딩스쿨 중에서는 39위에 랭크 되는 학교에요.

데이나 홀 (Dana Hall)	웰즐리, 매사추세츠 (Wellesley, MA)	학교 규모는 그다지 크지 않은 학교이지만, 저희 학생 중 우수한 친구들이 여학교를 쓸 때 꼭 같이 들어가는 학교 중 하나입니다. 여학교 중에서는 34위 정도인데 이 학교는 승마도 있고 (말을 소유한 학생들이 많아요), 학업적인 부분도 잘 구성된 학교로 유명합니다. SSAT는 80% 후반~90% 초반 정도 요구됩니다. 대학 진학실적이 좋습니다.
엠마 윌라드 (Emma Willard)	트로이, 뉴욕 (Troy, NY)	우수한 여학생 보딩스쿨을 찾을 때 빠지지 않는 학교, 15위입니다. 한국 학생들이 많이 지원하기는 해요. 적응을 잘하는 학생들에게는 더할 나위 없는 학교라고 하네요. 상류층 인맥을 넓힐 수 있는 학교입니다.
하카데이 스쿨 (The Hockaday School)	댈러스, 텍사스 (Dallas, TX)	명실상부한 최고의 여학교 중 하나입니다. 전체 여학교 보딩스쿨로도 5위인데, 더 놀라운 것은 텍사스 내 보딩스쿨 중 남녀 통틀어도 이 학교가 1위입니다. 이 학교에 보낸 친구 중 한국에서 특목고가 안 된 후, 부랴부랴 진행했는데도 좋은 결과가 있어서 너무 뿌듯했어요. 남녀공학 통합해서 지원했는데, 최종 결정은 하카데이로 진행했어요.

그리어 (Grier)	타이론, 펜실베니아 (Tyrone, PA)	이 학교도 많이 지원하는 학교 중 하나죠. 그리어는 모든 것들이 무난해요. 한국 성적도 중상위급이면 무난하게 진행 가능합니다. 시험의 경우도 좀 편하게 준비가 되는 학교라 마지막 순간에 진행하는 부모님들도 자주 언급합니다. 편하게 들어갔지만, 진학 결과가 좋은 학교 중에 하나라고 보면 좋을 것 같아요. 경쟁보다는 협동이라는 점을 잘 배울 수 있는 학교입니다. 아이들 만족도는 좋습니다.
에셀 워커 (Ethel Walker)	심스베리, 코네티컷 (Simsbury, CT)	코네티컷에 있는 이 학교 역시 중상급 여학생 보딩스쿨로 보면 될 것 같아요. 자주 들어본 학교 중 하나일 거예요. 입학한 이후 잘 훈련을 받아서 나오는 학교입니다. 근데 이 학교 재학생과 얘기를 해본 적이 있는데, 운동에 관한 얘기를 별로 안 좋게 한 기억이 있어요. 팀이 약하다고 그랬던 것 같네요. 운동을 제외한 다른 부분들은 다 만족스러운 학교이며, 대학 진학실적도 좋은 편입니다.

마데이라 스쿨 (The Madeira School)	**맥린, 버지니아** (McLean, VA)	제가 생각하는 이상적인 여학생 보딩스쿨은 바로 이런 곳입니다. 아니죠. 이상적인 여학교 보딩 스쿨이라기보다는 이상적인 보딩스쿨이 여학교인 경우입니다. 위치도 그렇고(맥린 지역은 학구열이 높기로 유명한 곳이죠), 학교에서 제공되는 프로그램들도 그렇고, 우수한 학생을 제대로 길러내겠다는 열의가 가득하며, 학생들의 의욕을 불러일으켜 주는 학교입니다. 선생님들도 엄청 친절합니다. 아이비리그 진학률도 좋고, 성공한 선배들과의 네트워크도 잘되어 있습니다. 역사가 깊은 만큼 프라이드가 강한 학교이기도 합니다. 우수한 친구들이 있다면, 꼭 다시 같이 진행해보고 싶은 학교입니다.
플린릿지 세이크리드 하트 아카데미 (Flintridge Sacred Heart Academy)	**라 캐나다, 캘리포니아** (La Canada, CA)	작고 예쁜 학교, 보딩스쿨 비율이 낮지만, 결속력이 강합니다. 이 학교는 이후 몇몇 특정 대학을 생각하고 보내는 학교입니다. 아이들을 잘 살펴 줍니다. 급하게 지원하는데 우리 아이가 많이 준비되어있지 않지만, 정말 내실 있고 아이들을 사랑으로 살펴 주는 학교를 생각한다면 강력추천해 드립니다.

Q70

'Academic Rigor'
(학업적 엄격함)이라는 것이
구체적으로 무엇인가요?

**보딩스쿨을 가면 이 부분이 좋아진다고 하는데,
정확하게 어떤 내용인가요?**

한국어에는 이 Rigor 단어의 사전적인 정의가 딱 맞아떨어지는 단어가 생각나지 않는군요.

한국의 교육은 커리큘럼의 우열이나 학업의 난이도를 학교별로 두는 경우가 많지 않고, 학교의 평판이나 랭킹으로 통합해서 생각하기 때문에 이 내용은 한국의 교육 현실과는 차이가 있습니다.

사전적인 의미의 '학업적인 엄격함'이라는 것은 이렇게 풀이됩니다. 학문적인 면에서 'Rigor'는 학생에게 도전하거나 좌절하는 사이의 경계점을 가리킵니다. 학생들이 전에 생각하지 못했던 수준으로 생각하고 실천하며, 성장하도록 도전받는 것을 의미합니다. 이는 학생들이 팀 연습을 하는 운동선수와 같이 자신의 기술, 이해 및 사고 능력을 키워 더 높은 수준과, 그 높은 수준에서 달성할 수 있어야 함을 의미합니다. 즉, 더 높은 수준으로의 도전을 의미합니다.

미국의 고등학교는 앞서 소개된 것처럼 수준별 교육을 제공합니다. 일반 과정인 Regular class(레귤러 클래스), 혹은 그보다 수준이 높은 Honor class(어너 클래스), 그 이상의 학년이나 수준에서 수강할 수 있는 AP(Advanced Placement-대학 1학년 수준의 수업) 혹은 Dual Credit(듀얼 크레딧-대학 수준의 다양한 강의를 고등학교에서 미리 듣는 과정)을 통해 학생의 학업 도전 정신과 그 성과를 보여줄 수 있는 성적표를 구성합니다.

명문 보딩스쿨의 경우, 상위 클래스에 대한 구성이 일반 학교와 비교해서 선택의 폭이 넓기에, 대학 진학 혹은 학문적인 탐구에 유리하다는 의미로 해석됩니다.

Tip

미국의 일반 사립학교에 다니는 데 충분하게 AP나 Dual Credit이 제공되지 않아 고민인 학생들은 온라인 강좌를 통해서, 혹은 여름에 대학에서 진행되는 서머스쿨을 통해 수강 할 수 있으니 우리 학교에 그런 과정이 없다고 좌절할 필요는 없습니다.

Q71
SAT 평균이 높은
학교들 정보가 궁금합니다.

**우수학교일수록
SAT 점수 평균이 높다고 하던데,
어떤 학교들인지 궁금합니다.**

우선 SAT에 대해 간단하게 설명한다면 현재는 1,600점 만점을 사용하고 있으며, 영어는 리딩, 라이팅으로 구성되어 800점 만점, 그리고 수학이 800점 만점으로 구성됩니다. 에세이는 별도 점수로 구분됩니다.

SAT의 미국 평균점수는 1,068점이었으며, 확실히 아시아 학생들이 SAT는 고득점이 나오는 편입니다. 아시아 학생들은 평균 1,220점대의 점수이며, 그 뒤를 이어 백인 학생들은 1,120점, 라틴계열 학생들과 흑인 학생들은 1,000점 미만의 점수를 평균적으로 냅니다.

그에 비해 명문 보딩스쿨의 학생들은 평균 1,400점대의 점수를 받습니다.

대표적인 학교들을 본다면, 다음과 같습니다.

학교	SAT 평균점수 /1,600점 만점	학교	SAT 평균점수 /1,600점 만점
필립스엑시터 (Phillips Exeter Academy)	1,430	필립스 앤도버 (Phillips Academy Andover)	1,470
초우트 로즈마리홀 (Choate Rosemary Hall)	1,410	로렌스빌 (Lawrenceville School)	1,430
호치키스 스쿨 (The Hotchkiss School)	1,400	세인트폴 (St. Paul's School)	1,400

디어필드 아카데미 (Deerfield Academy)	1,410	미들섹스 아카데미 (Middlesex Academy)	1,410
그로튼 스쿨 (Groton School)	1,430	콩코드 아카데미 (Concord Academy)	1,370
루미스 체이피 (The Loomis Chaffee School)	1,390	밀튼 아카데미 (Milton Academy)	1,390

우수학교들의 SAT 평균점수는 확실히 전체 평균과 비교해서, 많이 높은 양상을 보입니다.

Tip

현재 기준이 된 SAT는 흔히 말하는 SAT1, Reasoning Test를 기반으로 합니다. SAT2는 수학, 물리, 생물, 화학 등 과목마다 시험을 볼 수 있는 Subject Test(서브젝트 레스트-과목별 시험)입니다.

Q72

보딩스쿨을 졸업한
학생들의 학교에 대한
평가는 어떤가요?

부모로서는 사실 큰 투자입니다.
보딩스쿨을 졸업한 선배들은
-물론, 개인마다 편차가 있겠지만-
만족도가 높은가요?

성급하게 일반화하기는 힘듭니다. 그리고 제가 다시 만나는 학생들은 대부분 성공한 학생들입니다.

명문 보딩 이후 명문대학, 그다음 어느 대학원에 붙었다거나 어디에 취업했다는 얘기들을 듣는 경우가 많습니다. 이런 경우는 부모님이나 학생의 만족도가 몹시 높습니다. 대부분 감사 인사를 하러 오는 경우가 많으니까요. 아이들의 인성이 발전했다는 것과 세계를 바라보는 시각이 달라졌다, 사고방식 자체가 달라졌다는 부분에 대한 점은 만족도가 높은 부모님과 학생들이 자주 언급하는 부분입니다.

그러나 양지가 있으면 음지가 있는 것처럼, 보딩스쿨 생활을 견디지 못하는 친구들도 있습니다.

특히, 어린 나이에 가족과 떨어져 있다는 사실은 학생 본인뿐만 아니라, 부모님께도 쉽지 않은 결정이기에 이 부분에 관한 언급을 하는 경우도 많았습니다.

Y 군은 16살에 미국 명문 보딩스쿨에 입학, 미시건 대학 졸업 이후 대학원, 그리고 현재 취업까지 이어진 10년 가까운 시간 동안 가족과 같이 지냈던 시간을 계산하면 1년 정도밖에 안 된다고 해서 안타까워했습니다.

가족들의 희생이 그만큼 가치가 있었느냐고 물었을 때, Y군의 확신에 찬 대답을 잊을 수 없네요.

"네, 만약 다시 선택하라고 하더라도 저는 보딩스쿨을 갔을 거예요!"

보딩스쿨 준비과정을
한국과 미국,
어느 곳에서 하는 게 좋을까요?

9학년에 지원을 하려고 합니다.
현재 6학년입니다. 한국과 미국, 과연 어느 곳에서
보딩스쿨 준비를 하는 게 좋은지,
그리고 각자의 장단점이 뭐가 있을까요?

사실 이렇게 준비를 할 수 있는 학생들이 좋은 성과를 내는 경우가 많습니다.

이 학생의 경우라면 두 가지 선택의 장단점을 미리 확인해 볼 수 있을 듯합니다.

	장점	단점
미국	7학년으로 미국 일반 학교 진학. 8학년 때 보딩스쿨 지원. 9학년 때 보딩스쿨 진학. 미리 해보는 현지 생활을 통해 적응과 영어 실력 향상. 한국과 비교해서 학점 이수 용이. 이후 지원하는 보딩스쿨에서 인증받을 수 있는 다양한 활동 가능.	부모님과 떨어져 있어야 함. 추가적인 비용이 들어감. 공인시험에 대해 별도로 준비를 해야 하며 학원 등의 체계적인 관리 시스템 이용 불가능. 적응이 힘든 경우라면 이후 유학 생활 자체를 포기할 수 있음. 영어가 능숙하지 않은 경우, 학점 이수 자체가 좋지 않을 수 있음.
한국	중 1, 2 진학하며 중2 겨울방학에 지원. 토플 및 SSAT 등의 공인점수를 체계적으로 준비할 수 있음. 한국 학교의 학업에 대해 선행이 이루어졌다면 내신성적 유지 원활. 부모님의 관리하에서 생활 가능.	미국에서 인정받을 수 있는 활동 사항 참가의 제한이 있음. 한국 내신과 공인점수를 동시에 잡는 부분이 수월하지 않을 수 있음. 학교나 학생의 실력에 따라 내신 유지 및 향상 자체가 수월하지 않을 수 있음.

일반적으로 한국의 내신 전체를 다 유지하는 것에 비해, 영어만 어느 정도 된다면 미국학교들은 GPA를 잘 받는 것이 유리합니다.

각각의 장단점을 보고, 학생의 상황에 맞는 준비를 하는 게 좋을 듯합니다.

Q74
보딩스쿨 인터뷰에서는
어떠한 질문을 받게 되나요?

아무리 찾아봐도 보딩스쿨 인터뷰에 관한
내용이 별로 없네요.
학교에서는 어떤 질문을 하게 되나요?

보딩스쿨의 경우, 인터뷰는 학생을 걸러내기 위해 한다기보다 지원자에 대해 좀 더 알기 위해서 진행됩니다. 그렇기에, 본인에 대한 설명을 잘할 수 있는 것이 중요합니다. 본인 성격의 장단점이나 이런 상황이 온다면 어떤 식으로 대처하는지. 이런 재미있는 예로는 본인에게 하루가 주어진다면 무엇을 하면서 보낼 건지를 묻거나, 집에 불이 났다면 무엇을 가지고 나올 것인지를 물어보기도 했습니다.

학생의 목표나 흥미는 무엇이 있는지, 보딩스쿨을 지원한 동기나 보딩스쿨을 통해 무엇을 얻고자 하는지, 학업적 강점과 약점에 관해 솔직하게 얘기할 때도 많습니다. 그리고 가족 구성원에 관한 질문을 하는 학교들도 상당수 있었습니다.

물론, 지원자가 어떠한 대답을 하는지에 대한 내용도 검토하지만, 영어를 말하는 수준이나 답변하는 태도 역시 지켜본다는 점은 잊지 말아주세요.

Tip

대부분 학생이 답변을 준비합니다.
그러나 저희가 늘 강조하는 부분은, 본인이 지원하는 학교에 대해 궁금한 점을 정리해서 인터뷰 시간에 꼭 질문하라는 점입니다. 그만큼 학교에 관해 관심이 있다는 것을 어필할 수도 있습니다. 학교에서도 "다른 질문은 없니?"라는 내용으로 마무리하는 경우가 많답니다.

Q75

애임하이교육 (주)에서는 어떤 식으로 보딩스쿨 지원을 도와주나요?

귀사에서는 보딩스쿨 진학을 위해
어떠한 도움을 제공하고 있으신지요?
저희는 별도의 공인점수 준비 및
활동 사항 준비가 힘듭니다.
추천 학교는 현지의 지인을 통해 받았습니다.

애임하이교육㈜의 보딩스쿨 지원은 다음과 같은 단계로 나누어집니다.

- 학생 자료와 상담을 바탕으로 학생 파악
- 지원 학교 구분 및 각 학교 특성 안내
- 지원전략 수립 정보 공유
- 활동 내역 정리 및 이후 계획 디자인
- 공인점수 준비 안내(SSAT 및 토플 안내)
- 에세이 브레인스토밍 이후 에세이 검수
- 예상 인터뷰 준비(온라인)
- 현지 인터뷰 시, 동선 고려한 예약 확인
- 지원 상황 체크
- 합격 결과 확인 및 이후 상담
- 대학진학컨설팅 제공

이와 같은 서비스를 제공합니다.

이중, 지원 학교가 결정되어 있다고 한다면 활동 내역 정리 및 활동 계획 디자인부터 같이 진행하면 됩니다.

공인점수의 경우는 SSAT 전문학원을 안내해드리고 있으며, 에세이는 학생과 부모님 에세이 검수가 같이 들어갑니다.

요즘 학생들은 이렇게 중학생 때부터 받는 컨설팅이 매우 자연스러운 현상이다 보니 이후 대학, 대학원 진학에서도 컨설팅의 도움을 많이 받습니다. 그러다 보니, 아이들의 전체적인 역량이 매년 향상되는 것이 극명하게 보입니다.

Q76
기숙사 룸메이트는
제가 고를 수 있나요?

친구들과 같이 생활을 하는
보딩스쿨에 대한 기대가 큽니다.
룸메이트 선정은 어떻게 이루어지나요?

대부분의 보딩스쿨은 혼자서 방을 사용하는 게 아니다 보니, 룸메이트가 있습니다.

사실, 학창시절의 룸메이트는 아주 많은 것들을 공유하는 관계이기 때문에 룸메이트 선정은 중요한 부분이기도 하지요. 나한테 없는 것을 그 친구한테 더 배울 수 있고, 나의 관심사를 나눌 수도 있거든요.

학생들이 흔히 하는 질문 중 하나인 "룸메이트는 제가 고를 수 있나요?"에 대한 답변은 "아니오, 안 됩니다"입니다.

학교에서는 대부분 룸메이트를 배정해주며, Good Match(잘 맞는 배정)를 하기 위해 신경을 많이 쓰고 있답니다.

아마, 보딩스쿨에 합격한 학생들은 룸메이트 질문지를 받았을 텐데요. 성향이나 취미, 수면습관, 음악 스타일까지 물어볼 정도로 꼼꼼한 질문에 대해 충실히 답변했다면 좋은 룸메이트를 기대할 만하네요.

Q77
SSAT는 어디서 보는 게 더 유리한가요?

미국에서 숙소를 마련할 수 있습니다.
미국에서 보는 시험이
더 유리하다고 하면 갈 의향이 있습니다.
미국과 한국, 어디에서 시험을 보는 것이
더 유리한가요?

SSAT는 토플이나 SAT처럼 전 세계 공통의 시험입니다. 어디에서 보건 그 난이도나 질문의 유형, 점수 배점에 대한 차이를 두지는 않습니다.

물론, 미국이 지역적으로 더 많은 선택지를 가진 것은 사실입니다 (한국은 현재 서울과 제주에서만 시험이 제공됩니다).

그러나 장소가 시험의 유리함과 불리함에 작용하는 것은 아니기에, 아이가 현재 있는 장소 근처에서 시험 보기를 추천합니다.

Q78

SSAT 시험을 변경해야 할 것 같은데 어떻게 해야 하나요?

시험 보기로 한 날에
별도의 일정이 생겼습니다.
이런 경우는 취소하고,
다시 신청해야 하는지요?

SSAT 시험에 대해서는 환불 조치가 이루어지지 않습니다. 시험을 치르지 않는다고 해서 시험 비용을 돌려주는 것이 아니기에, 이런 경우라고 한다면 일정을 취소하고 새로운 일정을 잡기 바랍니다.

이렇게 일정 변경을 하는 경우라면 'change fee'라고 하는 변경비용 35달러만 추가됩니다.

Tip

인터내셔널 SSAT의 비용은 2019년 현재 269달러입니다.
그리고 마감 일정을 지나서 시험 2주 전에 늦게 등록하는 경우라면 추가로 45달러를 내게 됩니다. 마감 일정을 지나고 시험이 2주 이내에 있는 상황이라면 급행료로 85달러를 추가로 내야 합니다. 시험이 토요일에 있으며, 아무리 급행료를 낸다고 하더라도 수요일 이전에는 시험 등록 절차가 이루어져야 등록할 수 있습니다.

Q79
SSAT 시험 볼 때
준비물은 뭐가 있을까요?

큰아이는 SAT 볼 때 계산기 지참이 필수였는데,
SSAT 시험은 준비물에 대한
부분이 명확하지 않네요. 수학 시험이 있으니,
계산기를 가지고 가는 게 맞겠죠?

일단, SSAT에서 가장 중요한 부분은 어드미션 티켓입니다.

이 티켓이 없으면 입장이 불가능하며, 한국에서 시험을 보는 경우라면 여권을 지참해야 합니다. 시간에 맞춰서 가야 하며, 최소 2자루의 연필은 준비하세요.

SSAT의 수학은 계산기 문제가 나오지 않기에 지참해서는 안 됩니다. 핸드폰도 가지고 가는 경우, 꺼놓고 있어야 합니다. 기타 그 외 전자식 기기들은 다 금지라고 생각하면 됩니다.

시계를 가지고 가는 것 역시 금지됩니다. 시계는 시험 장소에 있으며, 감독 선생님께 시간을 물어보면 답변을 해준답니다.

Tip

SSAT는 쉬는 시간의 간식을 허용합니다.
간식은 투명지퍼백에 챙겨야 하며, 학생 이름이 지퍼백 앞에 쓰여 있어야 반입할 수 있습니다. 대부분 시험이 9시에 시작되고, 12시 조금 넘으면 종료합니다.

Q80

보딩스쿨에서 가는
대학들을 알 수 있을까요?

명문대학에서는
아이비리그 학교를 많이 보낸다는데,
실제로 그런지
학교 리스트가 궁금합니다.

보딩스쿨에서는 칼리지 매트리큘레이션(College Ma-triculation)이라는 입학 결과를 공유합니다. 당연히 좋은 학교의 아이비리그 대학 진학률은 높습니다.

필립스 엑시터의 경우, 3년 동안의 대학 진학 결과를 본다면, 다음과 같습니다.

- **컬럼비아대학교**(Columbia University): 34명
- **뉴욕대학교**(New York University): 34명
- **하버드대학교**(Harvard College): 33명
- **예일대학교**(Yale University): 33명
- **매사추세츠공과대학교**(Massachusetts Institute of Technology): 27명
- **터프츠대학교**(Tufts University): 26명
- **프린스턴대학교**(Princeton University): 25명
- **다트머스대학교**(Dartmouth College): 24명
- **브라운대학교**(Brown University): 23명
- **펜실베니아대학교**(University of Pennsylvania): 22명

등의 기록을 보입니다. 그리고 이렇게 우수한 학교에서 좋은 대학에 진학하는 결과는 너무 명확하기에, 현실적인 학교의 진학 결과를 비교하는 게 더 효과적일 듯합니다.

저희 학생들이 지원을 많이 하는 학교 중 하나인 랭킹 20위권의 페디 스쿨(Peddie School)의 대학 진학 결과를 본다면, 다음과 같습니다.

- 존스홉킨스대학교(Johns Hopkins University): 22명

- 뉴욕대학교(New York University): 21명

- 코넬대학교(Cornell University): 19명

- 펜실베니아대학교(University of Pennsylvania): 19명

- 카네기멜론대학교(Carnegie Mellon University): 17명

- 프린스턴대학교(Princeton University): 15명

역시, 아이비리그와 명문대학으로의 진학 결과를 보여줍니다.

Q81
Feeder School이라는 의미가 정확하게 뭔가요?

'Yale Feeder School'이라고 하는 얘기를 들었습니다. 대충 의미전달은 되는데, 정확하게는 어떤 뜻인가요?

🌐 '피더스쿨'이란, 말 그대로 Feed+er의 의미로 양육하는 학교를 의미합니다. 즉, 특정한 상급학교에 합격생을 많이 배출하는 학교를 일컫는 말입니다.

아이비리그 학교들을 지원하는 학생들은 이미 비슷한 SAT 고득점, 높은 내신, 다양한 활동 사항 등, 대학 진학에 있어서 비슷한 준비를 합니다.

하버드 대학교의 경우, 2,000명 정도의 신입생을 모집하는 상황에서 지원자가 4만 명을 넘겼습니다. 합격선이 5% 미만입니다.

예일대학교 역시 입학생을 6,000명 선으로 늘렸지만, 여전히 합격률은 7% 미만입니다.

이런 상황에서는 각 학교의 진학담당자들끼리 오랫동안 강한 네트워크를 구축해온 경우가 입학에 있어서 유리합니다.

하버드의 교내 신문사인 하버드크림슨에서 7대 피더 스쿨을 발표했습니다.

보스턴 라틴(Boston Latin), 탑보딩스쿨인 필립스 앤도버(Phillips Andover), 뉴욕의 특목고인 스터이비선트(Stuyvesant), 탑보딩스쿨 중 하나인 노블 앤 그리너프(Noble and Greenough), 역시 탑보딩스쿨인 필립스 엑시터(Phillips Exeter), 트리니티 고등학교(Trinity high School)와 렉싱턴 고등학교(Lexington High School)의 학교들이 바로 그 학교들인데, 명문 보딩스쿨이 세 학교가 들어가 있습니다.

예일의 경우는 사실, 전통적으로 40% 이상의 학생들이 필립스 앤도버, 필립스 엑시터, 로렌스빌, 세인트폴 등 보딩스쿨 출신들이 압도적으로 많았습니다. 그러나 현재에는 인디펜던트 스쿨(Independent School)이라고 하는 명문 사립학교 출신의 학생들이나, 교육환경이 좋은 공립학교 학생들도 많이 입학하는 추세입니다. 하지만 보딩스쿨 출신 학생들의 비율은 여전히 높습니다.

Tip

필립스 앤도버의 경우, 워낙 우수한 학생들이 많고 졸업생의 30%가 아이비리그로 진학합니다. 전통적인 예일피더로 알려졌습니다. 또한, 엑시터는 예상한 바와 같이 전통적으로 하버드의 피더스쿨로 알려져 있답니다.

Q82

다른 학생들의
보딩스쿨 진학 이유와
결과가 궁금합니다.

———

보딩스쿨에 진학하려고 생각하는 학부모입니다.
기존에 이미 보낸 선배 학부모님들이 느끼는
부분들을 같이 공유하고 싶습니다.

많은 부모님이 아이들의 유명대학 진학 결과보다는 아이의 인성 부분에 대한 언급이 컸습니다. 특히 아이들의 독립심과 자립심에 대한 부분을 자랑스럽게 생각했습니다.

A 학생의 어머님이 아이가 첫 방학에 왔을 때 가장 크게 달라진 점으로는 '빨래' 얘기를 했던 기억이 납니다.

A 학생 역시 일반 10대 아이들처럼 학교 다녀와서 학원을 가는 일과로 가득 차 있었으며, 나머지 일상생활은 엄마가 해줬다고 합니다.

그런데 이 아이가 첫 방학에 왔을 때 방에다가 빨랫거리를 던져놓지 않고, 본인이 스스로 빨래 바구니에 넣더라. 수백 번을 말을 해도 안 듣는 상황이었는데, '너무 신기했다'로 시작되었습니다. 이 친구는 이후 점점 더 성장하는 모습들을 보였습니다.

어머님은 아이가 보딩스쿨에 가서 생각하는 방식과 세상을 바라보는 시야, 그리고 판단 기준이 달라졌으며 이 아이가 명문대학을 간 것보다 이런 사고의 전환이라는 점, 그로 인한 행동의 변화라는 부분을 가장 자랑스럽게 생각했습니다. 이 친구의 일화를 하나의 예시로 들었습니다만, 많은 보딩스쿨 학부모님들이 실제로 이런 얘기들을 많이 언급했습니다.

책임감, 자립심, 독립심, 사고의 변화, 열린 사고 등의 긍정적인 변화가 선배 학부모님들이 가장 크게 느낀 부분들이라 내용 공유합니다.

그리고 아이는 명문대학에 입학을 했습니다.

Tip

부모님들도 아이들에 대해 애틋한 감정이 더 커지지만, 아이들도 갑자기 효심이 커집니다. 물론 그전에도 사랑하는 가족이었지만, 그 감정의 폭이 훨씬 더 커지는 경우가 많았습니다.

Q83
보딩스쿨 출신
유명인을 알고 싶어요.

보딩스쿨이 정말 그렇게
좋은 학교라고 한다면,
사회 유명인사들도 많을 거 같은데
어떤 사람들이 있을까요?

보딩스쿨 설명회 때, 경기고-서울대의 기존 한국의 엘리트 문화가 더 이상 통용되지 않고 있다는 얘기를 한 적이 있습니다.

현재 한국 사회 정재계의 지도자들은 미국 보딩스쿨-아이비리그 대학 출신들이 많이 늘어났기 때문입니다.

특히 한화그룹이나 현대, 효성, 삼환 등 한국의 대기업 및 재벌그룹 자녀들이 그런 길을 밟아왔는데요. 이는 한국뿐만 아니라 미국에서도 쉽게 찾아볼 수 있는 예시입니다. 미국의 명문가인 케네디가(家)나 록펠러가(家)의 후손들도 보딩스쿨 진학을 하는 것으로 유명하답니다.

페이스북 창시자인 마크 저커버그는 하버드를 중퇴하기 이전 필립스 엑시터를 졸업했으며, 다빈치 코드로 유명한 작가 댄 브라운 역시 명문 리버럴 아츠 대학인 암허스트 칼리지 이전, 필립스 엑시터를 다녔습니다. 트럼프 대통령의 딸, 이방카 트럼프는 초우트 로즈마리홀 이후 아이비리그 대학인 펜실베니아 대학으로 진학했으며, 미국무부 장관인 존 케리 역시 명문 보딩스쿨인 세인트 폴 졸업 이후 예일대학을 갔습니다.

미국 대통령들도 이런 학업을 밟은 사람들이 많은데, 대표적인 사례가 케네디 대통령이죠. 초우트 로즈마리홀 이후 하버드에 갔으며, 부시 대통령 부자(父子) 둘 다 필립스 앤도버 이후 예일대학을 진학했답니다.

Q84
몇 학교 정도
지원을 하나요?

현재 중3 학생입니다.
미국 보딩스쿨을 9학년으로 지원하려고 하는데,
SSAT는 현재 90% 조금 못 미치는 상황입니다.
이렇다면 보통 몇 군데의
학교를 지원하게 되나요?

고등학교가 시작되는 9학년으로 지원을 하는 경우네요. 미국의 대학들은 9학년 성적부터 합산해서 보기 때문에 좋은 결정입니다. 특히 9학년의 경우는 10, 11학년 지원자와 비교해서 상대적으로 좀 더 많은 인원을 뽑습니다.

대부분 학생이 성적이 좋고, SSAT 점수가 높은 경우라면 명문 보딩스쿨 지원에 대한 목표가 큰 편입니다. 이런 경우라고 한다면 입학률 및 기존 입학 데이터를 바탕으로 지원전략을 세우기는 하지만, 10~15개 정도의 학교들을 지원하게 됩니다.

학교를 구분할 때 위험부담이 있어도 지원할만한 학교들을 60% 정도, 붙을만한 학교 중에서 30%, 안전선에서 10% 정도로 구분해서 지원하는 경우가 많습니다.

물론, 각자가 가지고 있는 사항들에 대한 고려가 우선시됩니다. 더 적게 쓰는 학생들도 있고, 더 많이 쓰는 학생들도 있습니다. 하지만 대부분 명문 보딩스쿨 진학을 생각하는 학생과 학부모님들이라면 아이의 특성에 맞는 학교들을 선별하고, 지원하기 위한 준비를 1년 정도의 시간을 들여서 하며, 지원할 때 합격확률을 높이기 위해 10~15학교를 동시에 지원합니다. 그리고 합격 이후, 어느 학교에 갈 것인지에 대한 상담도 같이 진행합니다.

보딩스쿨 입학은 대학 진학의 시작점이지, 목표의 끝이 아닙니다. 그렇기에 이후 학생이 어떤 활동을 할 수 있을지, 대학 진학을 할 때 학교에서 어떤 준비들이 가능한지 등을 면밀하게 검토하고, 진학할 학교에 관해 결정할 수 있도록 도와드립니다.

Q85
직접 학교에서 진행하는 인터뷰 중 어떤 도움을 주실 수 있나요?

———

지원하고자 하는 학교는 대략 결정을 했습니다.
인터뷰 준비를 하고자 하니,
너무 많은 것들을 준비해야 하네요.
혹시 어떤 식으로 도움을 받을 수 있을까요?

학교에 직접 가서 하는 On Campus 인터뷰의 경우, 가장 난감한 부분들이 바로 학교의 일정과 동선을 맞추는 부분입니다.

대부분 인터뷰를 허용하는 기간은 정해져 있는데, 하루는 코네티컷에서, 또 하루는 캘리포니아에서, 그리고 다시 보스턴으로 돌아오는 일정을 잡을 수 없기에 저희 측에서는 북동부 학교들의 인터뷰 예약 및 현지 진행을 도와드립니다.

현지 코디네이터를 통해 동선을 고려한 숙박과 인터뷰 일정 예약, 운전과 인터뷰 준비 도움, 그리고 통역 등을 제공해 드릴 수 있는 서비스입니다.

지역은 한정적이라는 점, 다시 한번 양해 부탁드립니다.

Q86
보딩스쿨을 가더라도
가디언이 필요한가요?

제 여동생이 미국 보스턴에서
이미 십 년 넘게 거주를 해왔습니다.
제 아이가 가면 시민권자인 이모가
아이의 가디언이 되어 줄 수 있습니다.
보딩스쿨에 이런 가디언이 들어가는 게
필수인가요?

보딩스쿨 출신 재학생이나 졸업생들이 흔히 하는 말이 있습니다.

이 책 앞에서 소개된 것처럼, "Home, Away Home(홈, 어웨이 홈)"이라는 말인데요, 말뜻 그대로 '또 하나의 집'이라는 의미입니다.

학생들은 같은 공간에서 밥을 먹고, 수업을 듣고, 활동하고, 싸우고, 화해하고 그렇게 생활합니다. 선생님들도 같이 생활을 하고 있고요.

그러다 보니 사춘기 아이들에게 보딩스쿨은 단순히 학교의 의미가 아니라, 다른 가족이 되는 셈입니다. 그리고 보딩스쿨에서는 이러한 부분을 충분히 고려합니다.

학교에서 수업만 하는 것이 아니라 아이들이 나가는 대회, 아이들의 생활, 고민, 진로까지도 관리하고 관심 있게 지켜봅니다.

물론, 근처의 가족분이 아이의 주말 외출이나 단기 방학 기간에 돌봐 주시거나 하는 부분은 충분히 가능합니다.

그러나 보딩스쿨의 학생들은 학교의 보호로 생활하고 있기에, 법적인 가디언이 필요하지 않습니다.

Tip

국가와 진행하는 학교에 따라 가디언의 필요성 여부는 차이가 납니다. 대표적으로 캐나다의 경우, 공립학교로 진학을 하는 경우라면 가디언 서류가 필수 서류이기 때문에 가디언이 준비되지 않는다면 학생비자 발급 자체가 되지 않습니다.

공부 말고
잘하는 분야가 있어도
미국 보딩스쿨 지원이
가능한가요?

아이가 한 분야에서 매우 두각을 나타냅니다.
공부는 그다지 잘하지는 않지만,
피아노를 아주 잘 치는데 아이가 장점을 살려서
미국 보딩스쿨을 갈 수 있을까요?

이런 경우라면 학생의 진학 방향을 두 가지로 잡아야겠네요.

하나는 일반 보딩스쿨에서 음악프로그램을 제공하는 경우, 그리고 다른 하나는 음악프로그램 자체가 강한 예술계 보딩스쿨, 이렇게 나눠서 지원해볼 수 있습니다.

학생의 목적이 무엇인가에 따라 달라질 텐데요. 이후 피아노를 계속 전공할 친구라고 한다면 후자를 추천해드립니다.

특히, 이런 예술계 고등학교의 경우라면 전문적인 훈련이 가능한데 개인 레슨, 앙상블 연주, 챔버 연주, 음악 이론, 악보 훈련, 음악사, 청각훈련 등을 통해 이후 아이가 전문적인 연주가로 성장하는 밑거름이 될 수 있습니다.

일반 보딩스쿨에서 클럽활동 중에 음악을 택하는 경우는 오케스트라나 음악 관련 활동을 제공하는 학교가 있으니, 학교 지원 선택의 폭은 넓습니다.

학생이 피아니스트라는 꿈을 꾸고 있다면, 계속 연습을 할 수 있는 전문 예술보딩스쿨이 있답니다.

Tip

요즘 음악을 하는 친구들이 너무 많아, 일반 보딩스쿨 오케스트라의 퍼스트 체어를 하기 힘들다는 불평이 들려오네요.

Q88

아이를 이후에 의대를 보내고자 하는데, 보딩스쿨이 도움이 될까요?

미국 의대를 생각 중입니다. 아이가 미국 보딩스쿨을 가는 게 도움이 될까요?

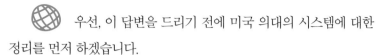 우선, 이 답변을 드리기 전에 미국 의대의 시스템에 대한 정리를 먼저 하겠습니다.

미국 의대의 시스템 중 하나는 고등학교 졸업하면서 의대를 가겠다는 약속을 하고 들어가는 6~7년제 프로그램입니다. 또 다른 하나는 대학 4년을 졸업하고 나서, 의과 전문대학원 4년을 가겠다고 지원하는 프로그램입니다.

많은 학생이 후자의 방법을 통해 의대를 지원합니다.

이유는 의과 전문대학원의 입학 확률 문제입니다.

물론 6~7년제 의대 진학 역시 고등학교 때의 준비를 통해 지원하고자 하는 학생들도 있으나, 대부분 명문 의과 전문대학원이라고 알려진 곳들은 4년제 대학원입니다.

이런 경우라면 하버드나 듀크대학, 노스캐롤라이나-채플 힐, 코넬, 유펜 등의 우수명문대학 졸업생의 이후 의과 전문대학원 입학비율을 보면 확연하게 이해될 듯합니다.

명문대학을 나온 학생들이 이후 의과 전문대학원의 입학비율이 높으며, 이런 명문대학에 입학하는 학생들 역시 명문 보딩스쿨 출신 학생들이 많습니다(아무래도 입시라는 부분은 명확한 데이터를 기준으로 더 높은 확률의 전략을 구사해야 하는 부분이다 보니, 확률적인 얘기를 하게 되네요).

보딩스쿨을 통해 학생의 명문대학 진학의 기회를 높이고, 대학에서 학업에 대한 우수성 및 높은 시험 점수가 입증된다면, 이후 의과 전문대학원에 진학할 확률이 높습니다.

또한, 보딩스쿨 중에서는 프리-메드(Pre Med) 과정이라고 해서, 대학에서 들어야 하는 기본적인 선수과목을 미리 이수하게 하고 관련 전공에 관해 연구하는 등, 활발히 활동하는 학교도 있습니다. 따라서 아이의 장래 희망에 맞춰 미리 준비하는 것이 도움이 됩니다.

Tip

미국 의과 전문대학원의 연간 학비는 대부분 5~6만 달러 정도(한화 6~7천만 원)를 상회합니다. 기숙사 비용을 더하면 연간 1억 정도 들어간다고 생각하셔야 하고요. 뉴욕대학교(New York University)에서 미래의 의사들을 위해 학비를 면제한 것은 정말 획기적인 사건입니다. 다만, 현재는 입학 자체를 영주권자 이상 신분으로 제한합니다.

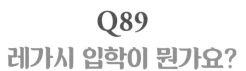

Q89
레가시 입학이 뭔가요?

미국에 레가시 입학이 있다고 하는데,
정확하게 무슨 용어인가요?

미국은 상대적으로 전통이 오래된 나라는 아닙니다. 그러다 보니, 자기들의 문화를 만들어나가는 데 있어서 자체적인 행보를 지속합니다.

이 레거시 입학이 그 한 예입니다. 레거시 입학은 우리 가족들이 그 학교 출신인지를 묻고, 그 여부가 입학 결과에 영향을 미치는 정책입니다.

한국의 대학이라고 한다면 우리 아빠가 K대를 나왔으니, 내가 이후 K대에 가면 가산점을 받는다는 생각은 감히 할 수도 없는 상황입니다.

그러나 미국의 경우, 본인의 가족 중 형제자매나 부모가 이 학교 출신인지에 대해서 대학 지원서에 이미 그 내용을 기재하는 칸이 있습니다.

명문 보딩스쿨의 경우, 역시 이런 레거시 입학이 암묵적으로 진행됩니다.

같은 가문의 아이들이 한 학교를 지속해서 간다는 부분, 특히 한국도 N가 아이들은 어디, L가 아이들은 어디, 이런 식으로 학교가 나뉜다는 얘기가 있었습니다.

이 부분은 학교 인터뷰를 직접 다녀온 학부모님이 해준 얘기였는데, 이 아버님은 한국대학을 졸업한 치과의사였고, 같이 인터뷰를 기다리던 학부모는 미국인이었다고 합니다.

애기가 시작되자마자, 그 학부모가 이 학교 졸업생임을 밝히고 본인의 딸 역시 지원해서 인터뷰를 왔다고 하니, 몹시 화기애애한 분위기였다고 합니다.

그러나 막상 이 아버님이 학부모 인터뷰를 하러 갔을 때는 싹 달라진 분위기에 위축되었다고 토로한 기억이 납니다.

미국의 보딩스쿨은 동문의 파워를 상당히 중요하게 생각하기 때문에, 졸업생이나 졸업생 자녀에 대한 우대를 고려한다는 것은 그동안의 결과만으로도 충분히 인정할 만하네요.

Tip

시어도어 루스벨트 대통령과 프랭클린 루스벨트 대통령 등 미국 정치권의 내로라 하는 집안인 루스벨트 가문은 그로튼 스쿨 출신이며, JFK 대통령의 모교로 잘 알려진 초우트 로즈마리 홀 역시 JFK 대통령과 그의 형이 다닌 학교로 유명하답니다.

Q90

보딩스쿨을 가면
어떠한 활동을
할 수 있습니까?

대부분 사립학교에서도
활동이 많은 것으로 알고 있습니다.
보딩스쿨에서 특별히 하는
활동들이 있나요?

몇 해 전, 보딩스쿨 탐방을 다녀오면서 가장 인상 깊었던 점은 올림픽 대회만 한 크기의 수영장, 여타의 운동 시설, 도서관이나 웅장한 오케스트라, 신나는 밴드 연주, 학생들의 활기찬 치어리딩, 수많은 스포츠 및 클럽활동, 학생들의 예술작품 전시, 학교의 현관을 가득 메운 트로피, 화려한 강당의 연극 등이 아니라, 바로 '승마'였습니다.

정말 마구간이 있는 학교였으며, 개인 말을 가지고 올 수 있다는 점에서 강렬한 인상을 받았습니다.

보딩스쿨에 따라서는 골프, 발레, 수영, 스노보드, 테니스, 스키, 농구, 배구, 미식축구, 승마 등 다양한 운동 활동 및 컴퓨터 대회, 로봇 대회, 코딩 대회, 프리 메드(Pre Med) 클럽, 프리 팜(Pre Pharm) 클럽, 수학 클럽, MUN 및 MUNOS 등 학업에 관련한 대회, 각종 봉사활동 등 학교에서 제공하는 많은 활동을 선택할 수 있습니다.

특히 같이 생활하는 학생들 역시 학업에 대한 열의가 있고, 학업적인 흥미가 높은 친구들끼리 모여 있기에, 학교의 지원을 받아 클럽을 직접 만들어보는 것도 가능합니다.

Q91
보딩스쿨에서도
홈스테이 경험을
해볼 수 있나요?

미국 문화, 특히 가정문화를 경험해보는
홈스테이와 미국 보딩스쿨 중에
고려하고 있습니다.
아이가 보딩스쿨을 다니면서도
그런 체험을 해볼 수 있나요?

명문 보딩스쿨의 경우는 커뮤터(commuter)라고 하는 통학생의 비율이 드뭅니다.

100% 기숙사 생활하는 학교들도 있으며, 대부분 명문 보딩스쿨의 80%가 넘는 학생들이 기숙사 생활을 합니다.

일반적인 보딩스쿨의 경우도 통학이 가능한 거리에 거주하는 학생들이라고 한다면, 학교는 다니되 생활은 홈스테이에서 하는 걸 허용하기도 합니다. 이를 통학생(Day Student)이라고 합니다.

여담이지만 지인도 아들의 학교는 보딩스쿨을 보내고 싶고, 생활은 엄마가 챙기고 싶어서 학교 근처의 집을 사서 아이들을 통학시키며 명문 보딩스쿨을 졸업하게 했습니다.

중상급의 보딩스쿨 중에서는 이러한 경우를 제안하기도 합니다.

학교 근처에 홈스테이를 두고 통학을 하는 걸 허락하고 알아봐 주는가 하면, 학교의 문화체험으로 짧은 기간 동안 호스트 생활을 해보는 것을 추천하기도 합니다. 특히 중간의 긴 연휴 기간에는 학교에서 적극적으로 호스트 생활에 대한 제안 및 추천을 해줍니다.

홈스테이의 경우는 아무래도 그 집의 가족에 따라 아이와 맞는지, 아닌지에 대한 부분들이 크게 좌우합니다. 이 때문에 개인적인 의견으로는 보딩스쿨을 통해 체계적인 관리와 또래와의 협동심을 배울 수 있는 점에 더 무게를 두고 싶습니다.

Q92
랭킹이 안 좋은
보딩스쿨을 가는 게
의미가 있을까요?

**아이가 준비가 미흡해서
합격한 학교들이 그렇게 높지 않습니다(100위권).
이대로 그냥 보딩스쿨을 가야 하나요,
아니면 지금이라도 좋은 데이스쿨로
진학을 하는 게 나을까요?**

이런 질문을 하는 부모님들이 많습니다. 목표했던 학교에 비해 결과가 흡족하지 않은 경우, '보딩스쿨을 포기하느냐'라는 선택의 순간에 놓입니다. 이런 경우는 사실, 단언하기는 힘듭니다.

학생의 성향 및 학년, 학생의 목표, 가정의 재정적인 요건 등에 따라 조언을 할 수 있는 부분이 다르기 때문입니다.

대략, 100위권의 학교라고 하더라도 니체(Niche) 랭킹으로는 A+, A 등급이 나오는 경우가 많습니다. 이 의미는 100위권의 보딩스쿨이라고 하더라도 대학 진학 준비에 있어서 크게 문제가 없다는 뜻입니다.

랭킹이 전부는 아닙니다. 학교와 아이가 잘 맞을 수 있는지가 가장 중요합니다.

"100위권 밖의 보딩스쿨은 안 좋은 학교니 무조건 데이스쿨로 가세요"라고 말을 할 수는 없습니다. 대학 진학에 있어서 각각의 장단점이 있기에, 데이스쿨과 보딩스쿨을 놓고 각 학교에서 제공되는 학업 및 활동, 그리고 대학 진학 결과 및 비용 등을 꼼꼼히 비교해 봐야 합니다.

Tip

현재 미국 보딩스쿨은 총 334위까지 순위가 공개되고 있으며, 유명 사립학교의 경우는 3,903위까지 순위가 정해집니다.

Q93

주니어 토플과 토플, 어떤 시험을 보는 것이 유리한가요?

학년이 아직 어린데,
토플 iBT를 보고 낮은 점수를 내는 것과
주니어 토플의 고득점을 받는 것,
어떤 것이 더 유리한가요?

우선, 대부분 학교에서는 지원할 때 제출해야 하는 시험 결과에 대해서 명시하는 경우가 대부분입니다. 그러나 몇몇 주니어 보딩스쿨에서 토플과 주니어 토플을 혼용하기도 합니다.

주니어 토플의 경우는 11세 이상의 학생들이 학업을 하기 위해 학업적인 영어가 어느 정도 되는지를 평가하는 900점 만점의 시험이며, 토플의 경우는 대학을 진학하기 위해 충분한 학업적인 영어가 되는지를 확인하는 120점 만점의 시험입니다.

학년이 낮은 경우, 주니어 보딩을 지원한다면 학교에서는 주니어 토플을 보라고 요청할 것입니다. 그리고 토플을 낸다고 하는 경우, 점수가 낮다고 하더라도 학교에서는 그 난이도를 충분히 고려할 수 있습니다. 아무래도, 학년이 어린 경우는 주니어 토플을 준비하는 게 학업의 효율성이나 고득점에도 도움이 될 겁니다.

Q94
SSAT도
감점이 있나요?

**SAT는 감점이 없다고 하던데,
SSAT도 그런가요?
SSAT에 대해서 잘 알려진 부분이 없네요.**

SSAT를 보는 지원자들이 더 적어서 정보가 상대적으로 적을 거예요. SAT는 아무래도 미국대학을 가려면 다 봐야 하는 시험이지만, 보딩스쿨은 선택적으로 가는 상황이기 때문에 훨씬 더 적은 수의 학생들만 시험을 볼지, 말지를 결정하게 되죠.

일단, 현재 SSAT는 틀리면 감점이 있는 시스템입니다. 틀리는 한 문제당 0.25점씩 감점합니다. 그리고 풀지 않으면, 감점은 없습니다.

Tip

학생이 토플과 SSAT 두 가지 다 요구를 받은 경우, 무엇부터 진행해야 하는지 문의하는 부모님들이 있습니다. 물론, 둘 다 하면 너무 좋지만, 혹시 하나씩 해야 하는 학생이라고 한다면 토플을 먼저 하고 난 이후에 SSAT를 준비해주세요.
SSAT가 토플보다 유효기간이 짧아서 시간상으로 계산을 한다면, 토플 점수를 받고 2년 유효기간 내에 SSAT를 준비하는 게 낫답니다.

Q95
주니어 보딩을 가는 것이
정말 도움이 되나요?

너무 어린 나이부터
부모와 떨어져 지내는 게 아닐까 걱정됩니다.
주니어 보딩을 가야지만,
정말 좋은 보딩스쿨을 가게 되나요?

주니어 보딩을 갈 때, 대부분 부모님이 이런 걱정을 많이 합니다. 물론, 한국에서 준비하면서 좋은 보딩스쿨을 갈 수도 있습니다. 그러나 입시 부분은 확률에 관한 얘기를 안 드릴 수는 없네요.

한국이나 혹은 미국의 일반 사립학교에서 일반적으로 준비해서 가는 확률이 10~20% 내외라고 한다면, 미국의 주니어 보딩에서 준비했던 학생들의 9학년 이후 명문 보딩스쿨 입학률은 세 배 정도 됩니다. 일반 학교들이 한 해 평균 26명 정도의 명문 보딩스쿨을 입학시키는 데 비해, 주니어 보딩의 경우는 70여 명 정도의 학생들이 진학한 통계에 의하면 말이죠. 특히나 미국의 페이(Fay)나 페슨든(Fessenden), 이글브룩(Eaglebrook)의 경우는 명문 보딩스쿨 리그에 입학을 잘 시키는 피더스쿨(feeder school)로도 유명합니다.

그리고 주니어 보딩은 새로운 친구들과 새로운 환경 그리고, 안 해봤던 다양한 활동들을 통해 또 다른 즐거움을 찾을 수 있습니다. 가장 고려해야 하는 점으로는 전문화된 관리를 받을 수 있다는 점입니다.

앞서 말씀드린 대로 어디서 준비를 하건, 명문 보딩스쿨을 지원할 수 있습니다. 주니어보딩은 필수가 아니라, 명문 보딩스쿨 입학에 대한 확률을 높일 수 있는 단계로 생각하길 추천합니다.

페이 스쿨(Fay School)의 최근 5년간 명문 보딩스쿨 입학률
(학생 숫자는 중복)

- 세인트 마크 스쿨(St. Mark's School): 59명

- 필립스 엑시터 아카데미(Phillips Exeter Academy): 23명

- 필립스 아카데미 앤도버(Phillips Academy Andover): 22명

- 미들섹스 스쿨(Middlesex School): 20명

- 서필드 아카데미(Suffield Academy): 20명

- 테이버 아카데미(Tabor Academy): 19명

- 루미스 체이피 스쿨(Loomis Chaffee School): 16명

- 브룩스 스쿨(Brooks School): 15명

- 디어필드 아카데미(Deerfield Academy): 15명

- 노스필드 마운트 허몬 스쿨(Northfield Mount Hermon School): 15명

- 세인트 폴 스쿨(St. Paul's School): 14명

- 우스터 아카데미(Worcester Academy): 13명

- 초우트 로즈마리 홀(Choate Rosemary Hall): 11명

- 콩코드 아카데미(Concord Academy): 11명

- 폼프렛 아카데미(Pomfret School): 11명

- 호치키스 스쿨(Hotchkiss School): 10명

- 로렌스빌 스쿨(Lawrenceville School): 10명

Q96
마그넷 스쿨도
보딩스쿨인가요?

보딩스쿨로 알려진 학교를 찾아봤는데,
학교가 보딩스쿨이 아니라
마그넷 스쿨이라고 하더군요.
보딩스쿨 안에 포함이 된 개념인가요?

마그넷 스쿨은 미국이 사회 불균형을 시정하기 위해 도입한 교육제도였습니다. 흑백 간의 차별이 경제적으로도 드러나자, 경제적으로 열악한 흑인 학생이 다니는 학교가 별도로 있을 정도로 차이가 생겼습니다. 돈 많은 백인 아이들은 우수한 사립학교나 학군이 좋은 공교육을 받을 수 있었지만, 그렇지 못한 흑인 학생들은 질 낮은 공교육을 받을 수밖에 없었습니다. 그러다 보니 미국 정부에서는 좋은 교육프로그램이 학생들을 '자석'처럼 끌어당기며, 학부모에게도 매력적인 교육프로그램의 대안으로 마그넷 스쿨을 선보였습니다.

대부분 수학, 과학, 예술 등 특정 과목에 두각을 나타내는 학생들을 선발해서 우수한 교육을 제공합니다. 이런 마그넷 스쿨은 교육청 지정 혹은 학교에서 자원하기도 합니다.

실제로 흑인 학생들이 어느 정도의 혜택을 누렸는지에 대한 부분은 아직도 의견이 분분하지만, 이제는 공교육의 질이 올라갔다는 부분과 교육 변화에 동기부여가 되었다는 것에는 이견이 없습니다.

Tip

이 답변을 쓰다 보니, 1995년에 만들어진 미셸 파이퍼 주연의 <위험한 아이들(Dangerous Minds)>이라는 영화가 생각이 났습니다. 현실을 바탕으로 했던 영화라, 화제에 오르기도 했지요. 그러나 이 영화가 가장 유명했던 것은, 바로 배경음악으로 사용된 Coolio의 Gangster's Paradise라는 노래였지요. 한국에서는 DJ DOC가 '깡패들의 천국'이라는 노래로 재해석을 했습니다. 동부 명문 보딩스쿨을 다른 시각으로 바라봤던 영화가 <죽은 시인의 사회>였다면, 질 낮은 공교육을 비판하고 대안을 제시한 영화로는 <위험한 아이들>을 언급할 수 있겠네요.

Q97
아이가 골프에
관심이 많습니다.
스포츠 전문 보딩스쿨이
있나요?

아이를 프로 골퍼로 양성할 계획이 있습니다.
사실 운동 전반을 다 잘하는 편이지만,
체육 고등학교처럼 스포츠에 특화된
보딩스쿨도 있나요?

많은 보딩스쿨이 골프를 클럽활동으로 제공합니다.

학생이 교내 활동으로 골프를 하는 부분은 사실 힘든 부분은 아니지만, 프로 골퍼로 양성할 거라면 커리큘럼이 잡혀있는 학교들이 별도로 있습니다.

혹은 JPGA(주니어 플레이어즈 골프 아카데미)와 파트너십을 맺은 학교들도 있습니다.

스포츠가 특화된 학교로는 IMG Academy가 있으며, 윈더미어 프리퍼레이토리(Windermere Preparatory) 학교는 JPGA와 파트너를 맺은 학교입니다.

그 외에도 스포츠 방면으로 특화된 학교들은 더 있기에 학생의 학년, 목표와 성취도 등을 바탕으로 진학 상담을 받아보기를 추천해 드립니다.

Tip

미국의 유명한 골퍼들은 명문대학 출신들이 많습니다. 타이거 우즈, 미쉘 위, 그리고 은퇴한 탐 왓슨의 경우는 스탠포드 출신이며, 아놀드 파머와 커티스 스트레인지는 웨이크 포레스트 출신입니다. 그리고 골프로 유명한 대학 중에는 애리조나 주립대학교(Arizona State University)가 있습니다.

Q98
미국대학은 보딩스쿨 출신을
어떻게 판단하나요?

보딩스쿨을 보내고자 하지만,
미국대학에서 '그들만의 리그' 혹은
이제는 보딩스쿨 출신이라고 해서
입학이 수월하지 않을 거라는
MIT 학장의 얘기를 들었습니다.
미국대학에서는 보딩스쿨 출신에 대한
부정적인 시각이 있나요?

몇 년 전, MIT의 입학사정관이 이제는 명문보딩스쿨 출신이 Free Pass가 아니라고 하는 영상을 봤습니다. 많이 알려진 영상이기도 하지요. 반대로 얘기를 한다면, '그럼 그동안은 명문 보딩스쿨 출신의 학생들은 Free Pass로 들어갔다는 것인가?'라는 생각을 해봐야 합니다.

일단, 이 부분은 대학의 입학에 관한 얘기를 좀 더 나눠서 해야 할 듯합니다.

북동부의 8개 아이비리그 대학은 전통적으로 외국인 학생에 대한 입학비율을 일정한 비율로 맞춥니다. 생각보다 보수적으로 움직이는 곳이 아이비리그 대학이라고 얘기해도 무방할 듯합니다.

그렇기에 보딩스쿨의 커리큘럼이나 활동들에 대해서, 기존의 보딩스쿨 출신의 졸업생들이 아이비리그 대학 진학을 하면서 경험했던 데이터들이 판단에 영향을 미칩니다.

또한, 아이비리그 대학들은 명문 보딩스쿨에 가장 처음으로 학생 모집을 나가며, 이들의 원서는 별도의 입학사정관이 검토한다는 얘기가 나올 정도입니다. 그만큼 아이비리그 대학들은 명문 보딩스쿨 지원자에 대한 부분을 특별하게 취급한다고 합니다.

그러나 MIT, Stanford 그리고 UC Berkeley, UCLA 등 엘리트 스쿨 경우는 입학기준에서 학생 자체의 우수성에 대해 좀 더 고민한 흔적들이 입학 결과로 나타납니다. 각각의 학교들에 맞는 입학 정책을 유지히겠지만, 미국대학에서는, 특히 아이비리그 대학에서는 명문 보딩스쿨 출신이라는 점은 부정적인 시각이 없습니다.

즉, 이렇게 이해하면 됩니다. MIT는 단순히 지원자가 명문 보딩스쿨 출신이라고 해서 혜택이 더 주어지는 것이 아니라, 학생 자체의 우수성에 대해서 집중을 더 할 것이라는 점을 공표한 부분입니다.

Tip

MIT는 매사추세츠 공과대학교(Massachusetts Institute of Technology)의 약자입니다. 이런 학교들이 몇 군데 더 있답니다. Cal Tech은 캘리포니아 공과대학이며, Georgia Tech이라고 불리는 학교는 조지아 공과대학교(Georgia Institute of Technology)랍니다.

Q99

보딩스쿨을 가면서 주의를 기울여야 하는 부분이 있을까요?

엄마 친구 아들이 보딩스쿨 출신인데,
그 오빠가 정말 신중하게 결정하라고,
잘못하면 큰일 난다고 해서 걱정입니다.
혹시 미국 보딩스쿨은 위험한 행동이나
불법적인 행동을 하는 경우가 있나요?

어린 나이에 보딩스쿨을 간다는 의미는 본인의 모든 생활을 스스로 해내야 한다는 것입니다.

물론, 학교의 관리가 있기는 하지만 부모님처럼 세세하게 관리를 해줄 수 있는 부분은 아니라는 점은 충분히 이해하시죠?

10대의 아이들이 한 공간에서 같이 생활을 합니다.

서로 맞는 친구들도 있겠지만, 아닐 때도 있으며, 아직 미숙하기에 잘못된 결정과 행동을 할 수도 있습니다.

그러나 이것을 미국 보딩스쿨이라는 환경으로 국한을 두지는 않겠습니다. 어디든 공동체 생활을 하는 곳이라면 나올 수 있는 얘기입니다.

미국 보딩스쿨의 경우는 학생들이 할 수 있는 위험한 행동이나 불법적인 행동은 규칙 및 규율을 통해 엄격하게 규제를 합니다. 통행에 대한 제한, 흡연이나 음주에 대한 엄격한 제한, 폭력이나 절도 등에 대한 부분 역시 학교의 규칙을 통해 관리가 됩니다. 학생 역시 이러한 제재를 받는 것에 대해서 충분히 이해하고 충실히 이행해야 한답니다.

그리고 생각보다 많은 학생이 이성 친구에 대해 궁금점이 많이 있습니다. 학교에서 당연히 장려하고 있지는 않지만, 연애하는 것을 금지하지는 않습니다. 그러나 성적인 괴롭힘은 폭력의 범주에 들어가니, 이런 일이 생긴다면 학교에 바로 보고해야 합니다. 또한 이런 부분에 대해서는 철저하게 교육을 받습니다.

Tip

밤늦게 혹은 아침 일찍 기숙사를 돌아다니는 학생들도 있을 거예요. 그러나 불시에 검문하는 경우가 자주 있다 보니, 시간 외에 기숙사의 자기 침대를 벗어나는 행동은 정말 조심해야 해요.

Q100
보딩스쿨이 대학에 진학할 때 정말 유리한가요?

현재 ○○○○ 학교에 재학 중인 학생입니다.
제 GPA가 그렇게 높지는 않습니다만,
학교에서는 생각보다 높은 학교를
지원하자고 합니다. 물론 저도 그러고 싶지만,
걱정됩니다. 과연, 명문 보딩스쿨 출신이라는 게
대학 갈 때 있어서 큰 장점으로 작용하나요?
참고로 공인시험은 비교적 고득점입니다.

답변을 작성하기 전에, 저희는 학생의 학교와 GPA를 확인했으며, 개인정보 사항이라 자세한 기술을 하지 않은 점, 미리 말씀드립니다.

학생이 다니는 학교는 미국 내에서도 명문 보딩스쿨 중의 하나로 손꼽히는 학교입니다. 열심히 노력하고 있지만, 등수가 그렇게 쉽게 올라가지 않은 부분은 충분히 이해됩니다. 당연히 우수한 학생들끼리 있으니, 과제물의 수준이나 학업 수준 자체가 수월하지 않다는 점 역시 수긍되는 부분입니다.

그리고 이 부분을 우리만 이해하는 것이 아니라, 미국대학에서도 이해합니다.

미국대학에서 '학업적인 엄격함(Academic Rigor)'을 강조하는 이유가 이런 부분입니다. 특히, 아이비리그나 엘리트 스쿨이라고 하는 대학에서는 미국 명문 보딩스쿨 출신들의 합격률이 눈에 띄게 두드러집니다.

왜일까요?

대학에서도 이미 그런 명문 보딩스쿨에 입학을 해서 학업을 하는 것만으로도 충분히 우수한 학생이라는 부분을 이해한다는 증거입니다.

특히나 본인처럼 공인점수에서 고득점이라면 너무 누려워하지 말고, 드림 스쿨 지원을 해보기 바랍니다. 본인의 학교에서는 이미 기존 선배들을 좋은 학교에 보냈던 기록과 방법이 있기에 그런 제안을 한 거예요.

명문 보딩스쿨을 다닌 만큼 그 장점을 충분히 누릴 수 있기를 바랍니다.

Tip

현재 아이비리그를 가는 상위 학생들의 SAT 점수 평균은 1,570점입니다. 10년 전만 하더라도 1,500대 초반 점수로 계산되는 점수라면 학생들이 아이비리그에 합격했을 정도였습니다.

SPECIAL Q
SSAT 고득점을 받으려면 어떻게 준비해야 하나요?

저는 보딩스쿨 지원을 준비하는
10학년 학생입니다. SSAT 점수를 잘 받아야
원하는 학교에 갈 수 있을 듯한데,
SSAT를 잘 준비하려면
어떻게 해야 하나요?

이런 질문은 사실 답변하기 난감합니다.

"학교에 다녀와서 예습, 복습을 철저히 하고 암기 과목은 두 번씩 보세요. 이렇게 하면 정답!"이라면 얼마나 좋을까요? 이렇게 답이 쉽지 않기 때문에 난감해집니다.

그러나 이런 부분들은 도움이 될 듯하네요.

이 학생의 경우, SSAT의 Upper Level(상급반 시험)에 응시해야 합니다. 그렇다면 SSAT의 점수 체계를 잘 이해하고 준비하는 것이 도움이 됩니다.

상급반 SSAT의 만점은 각 3과목(독해, 작문, 수학) 800점으로 총 2,400점을 만점으로 합니다. 그러나 이 점수보다는 '내가 비교 대상보다 얼마나 우위에 있는지'가 SSAT 시험 결과에 더 중요합니다. 즉, 지난 3년간 미국과 캐나다에서 SSAT를 처음으로 본 학생들의 점수를 비교 평가해서 내가 어느 정도 위치에 있는지를 가늠하게 되는 백분율이 기준이 됩니다.

물론, 모든 점수가 다 높아서 2,400점을 받아 상위 99%라고 한다면 이런 걱정을 할 필요는 없을 겁니다. 하지만 한국 학생들의 경우 대부분 수학의 경우는 90%대의 높은 성적을 내지만, 영어는 그보다는 낮은 백분율을 보여주는 경우가 많습니다.

수학에 자신 있다고 하면, 일단 수학을 집중적으로 공략하여 고득점을 통한 백분율을 높이는 것이 좋습니다. SSAT의 경우, 교재나 기출문제들이 있으니 문제 유형에 익숙해지도록 자주 풀어봐야 합니다. 특히, 단어는 꾸준히 준비해야 한답니다.

Tip

SSAT를 전문적으로 가르치는 학원들의 도움을 받는 것도 방법입니다. SSAT 전문학원이 있다는 정보를 잘 몰라서 고액 과외 문의를 하는 분들이 많습니다.

세상의 큰 빛이 되고
대한민국의 미래를
지켜주기를

B o a r d i n g S c h o o l

미국 명문대 준비는
보딩스쿨로 출발!

MICHIGAN

WiSconSin

WA

MiSSouri

ILLINOIS

INDIANA

OHiO

Pensylvania

NEW YORK

VERMONT

new Hampshire

MAINE

MASSA CHUSETTS

CT RL

NEW JERSEY

MARYLAND

DE

WEST VIRGINiA

KeNTUCKY

Virginia

ARKANSAS

TeNNessee

NORTH CAROLINA

SOUTH CaRO Lina

MIS SIS SIP PI

ALA BA MA

Georgia

LOUiSiANA

FLORiDA

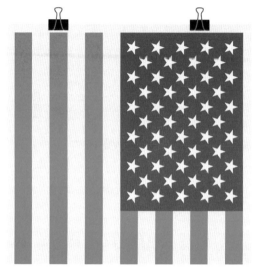

Dream Big, Aim High~!

AimHigh Education

교육컨설팅은 줄탁동시(啐啄同時)입니다.

조기유학 1위, Aim High!!

**남다른 도전정신과 글로벌한 시야를 가진 학생, 부모님을 환영합니다.
꿈을 높이 꾸는 (Dream High) 사람에게, 높이 겨냥하는 (Aim High) 법을
가르쳐 주는 회사, 애임하이교육(주)입니다.**

● ● ●

* **줄탁동시(啐啄同時)** 병아리가 알에서 깨어날 때 안팎에서 새끼(啐)와 어미 닭(啄)이
동시에 서로 쪼아야 한다는 중국의 고사성어.

미국 보딩스쿨 100문 100답

초 판 1쇄 인쇄 | 2020년 2월 10일
초 판 1쇄 발행 | 2020년 2월 20일

지은이 | 김정아 • 감수 | 손재호
펴낸이 | 조선우 • 펴낸곳 | 책읽는귀족

등록 | 2012년 2월 17일 제396-2012-000041호
주소 | 경기도 고양시 일산서구 대산로 123, 현대프라자 342호(주엽동, K일산비즈니스센터)

전화 | 031-944-6907 • 팩스 | 031-944-6908
홈페이지 | www.noblewithbooks.com
E-mail | idea444@naver.com

출판 기획 | 조선우 • 책임 편집 | 조선우
표지 & 본문 디자인 | twoesdesign

값 15,000원
ISBN 979-11-90200-04-2 (03370)

★ ★ ★ ★ ★

이 도서의 국립중앙도서관 출판예정도서목록(CIP)은
서지정보유통지원시스템 홈페이지(http://seoji.nl.go.kr)와
국가자료공동목록시스템(http://www.nl.go.kr/kolisnet)에서
이용하실 수 있습니다.
(CIP제어번호: CIP2020004582)